宮交バスの車両たち

text&photo ■ 編集部（2022年10月１日現在）

2464（三菱QKG-MP38FK）
一般路線車は06年後期から名鉄グループ統一デザイン。室内仕様は着席重視の郊外型である。（写真１）

宮交バスの車両の概要

　宮城交通とミヤコーバスを合わせた2022年10月１日現在の保有車両は、乗合463台（高速車103台含む）、貸切120台で、計583台となっている。メーカー別に見ると、三菱ふそう250台、いすゞ165台、日野129台、日産17台、トヨタ14台、日産ディーゼル８台で、名鉄グループの事業者ながら、三菱車だけではなく、いすゞ車と日野車を並行して増備していることが特徴である。

●一般路線車

　宮城交通の路線車は大型が主力で、中尺タイプが採用されてきた。99年に中型ロングの日産ディーゼルJPワンステップバスを導入。00年にいすゞLVワンステップバス、05年に日野KV短尺ノンステップバスが採用され、13年後期以降はノンステップバスのみが増備されている。この間、11年の三菱MPからAT仕様となり、新型エルガも

宮交バスの車両たち

4020（トヨタZBC-MUM1NAE）
17年後期の車両から白色LEDを採用。21年にはトヨタ燃料電池バスSORAを1台導入している。（2）

1072（日野KL-KV280L1）
一般路線車に81年から06年前期まで採用されたデザイン。当初は裾部に1本赤い帯があった。（3）

2（日野SKG-HX9JLBE）
仙台都心循環「まちのり『チョコット』withラブラス」はポケモンのラッピング車である。（4）

AT仕様が選択されている。また17年後期から白色LEDを採用。21年にトヨタ燃料電池バスSORAが導入された。

　仙台都市圏以外は中型が中心で、99年にいすゞLRワンステップバスを導入。ミヤコーバス発足後は12年まで中型ワンステップバス、13年から中型ノンステップバスが増備されている。吉岡・塩釜・白石・村田には少数ながら大型ノンステップバスが在籍する。

　中古購入も行われており、主に大型が宮城交通、中型がミヤコーバスに転入している。多数在籍する名鉄からの移籍車は、大型・中型ロング・中型・小型と多彩である。同じ中京圏の名古屋市交通局や首都圏からの移籍車も見られる。また東日本大震災で多くの車両を失った際、全国から支援車両が無償譲渡され、そのうちの一部が現在も塗り替えることなく使用されている。

2440（日野QRG-RU1ESBA）
高速車は"杜の都"をイメージ
させる緑のボディカラー。夜行
路線には3列シート車を使用。
（5）

2634（日野QTG-RU1ASCA）
県内高速車はトイレなし4列シー
ト。営業所ごとに地元の観光
ラッピング車が在籍している。
（6）

●**高速車**

　高速バスは県外路線を宮城交通、県
内路線をミヤコーバスが担当。県外の
夜行路線ではスーパーハイデッカーや
ダブルデッカーも活躍したが、現在は
ハイデッカーに統一された。夜行の大
阪線・名古屋線と昼夜行の新宿線には
中央トイレつき3列シートの日野セレ
ガ、昼行の遠距離路線には後部トイレ
つき4列シートのセレガ・三菱エアロ
エース、昼行の近距離路線にはトイレ
なし4列シートのエアロエース・セレ
ガ・いすゞガーラが使用されている。

　県内路線はすべてトイレなし4列シー
トで、新車採用のエアロエース・セ
レガ・ガーラのほか、名鉄から移籍し
たエアロバス、県外近距離路線からの
転用車が活躍している。また宮城県の
観光ラッピングや県内各地の観光ラッ
ピングが施された車両も見られる。

宮交バスの車両たち

3811（三菱2TG-MS06GP）
貸切車のデザインは仙台城の石垣がモチーフ。緑色は安らぎ、黄色は希望、桃色は愛を表す。（7）

924（日野2TG-RU1ASDA）
契約輸送用の貸切車も数多く在籍。リフトつきセレガはスクールバスとして使用されている。（8）

●貸切車

　一般貸切車はハイデッカーで、汎用タイプ55〜60人乗りのセレガ・エアロエースが主力である。27人乗りのガーラ9、高速車から転用されたトイレつき3列シートのセレガ、トイレつき4列シートのエアロエースも在籍する。

　契約貸切車はハイデッカーからマイクロバスまで在籍し、養護学校の通学輸送用にリフトを装備した車両も少な

くない。ハイデッカーのほとんどは高速車・貸切車から転用されたものである。中型車とマイクロバスは自家用登録車を中古購入したものが多いため、本書では前歴の掲載を控えている。

　なお、宮交グループの社番は登録番号をそのまま使用しており、山形営業所の高速車は8000（ヤマ）番台、仙台北営業所の貸切車は3800（ミヤ）番台の希望ナンバーを取得している。

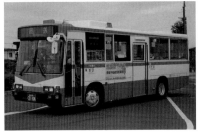

1204（いすゞKC-LR233J） (9)

2280（いすゞKK-LR233J1） (10)

2481（いすゞKK-LR233J1） (11)

2482（いすゞKK-LR233J1） (12)

2358（いすゞKK-LR233J1） (13)

2419（いすゞKK-LR233J1） (14)

2526（いすゞSDG-LR290J1） (15)

3014（いすゞSDG-RR7JJCJ (16)

2621（いすゞSKG-LR290J2）　　（17）　　2896（いすゞSKG-LR290J3）　　（18）

2998（いすゞ2KG-LR290J4）　　（19）　　3027（いすゞ2DG-RR2AJDJ）　　（20）

919（いすゞ2DG-RR2AJDJ）　　（21）　　759（いすゞKL-LV280L1）　　（22）

430（いすゞKL-LV280N1）　　（23）　　2890（いすゞKL-LV280N1）　　（24）

1268（いすゞPJ-LV234Ｌ1）　　(25)

95（いすゞPKG-LV234Ｌ2）　　(26)

485（いすゞQKG-LV234N3）　　(27)

2523（いすゞQKG-LV234N3）　　(28)

626（いすゞQDG-LV290N1）　　(29)

753（いすゞ2DG-LV290N2）　　(30)

761（いすゞ2DG-LV290N2）　　(31)

814（いすゞ2DG-LV290N3）　　(32)

878（いすゞ2KG-LV290N3）　　　　(33)

2916（いすゞPKG-RU1ESAJ）　　　　(34)

8002（いすゞLKG-RU1ESBJ）　　　　(35)

3806（いすゞSDG-RU8JHBJ）　　　　(36)

8005（いすゞQPG-RU1ESBJ）　　　　(37)

2424（いすゞQRG-RU1ASCJ）　　　　(38)

8011（いすゞ2TG-RU1ASDJ）　　　　(39)

5611（日産KK-BVW41）　　　　(40)

6218（日産KK-BHW41） (41)

923（日産KK-BHW41） (42)

926（日産KK-BHW41） (43)

867（日産PA-AHW41） (44)

6659（日産PDG-EHW41） (45)

1212（日産PDG-EHW41） (46)

2600（日デKL-JP252NSN） (47)

2571（日デKL-JP252NAN） (48)

2412（日デKC-UA460HAN）　　　（49）

765（日デKL-UA452MAN）　　　（50）

5560（トヨタKK-HZB40）　　　（51）

746（トヨタKK-HZB50）　　　（52）

925（トヨタKK-HZB50）　　　（53）

6554（トヨタKK-HDB50）　　　（54）

7417（トヨタPB-XZB50）　　　（55）

1291（トヨタPB-XZB51）　　　（56）

3771（トヨタBDG-XZB50）　　(57)

7999（トヨタBDG-XZB50）　　(58)

1237（トヨタSKG-XZB50）　　(59)

808（日野KC-HZB50M）　　(60)

1004（日野KK-HZB50M）　　(61)

8052（日野KK-HZB50M）　　(62)

1006（日野PB-XZB50M）　　(63)

1165（日野PDG-XZB50M）　　(64)

828 （日野BDG-XZB50M）　　　(65)　　　163 （日野SDG-XZB50M）　　　(66)

1238 （日野SDG-XZB50M）　　(67)　　　7686 （日野SDG-XZB50M）　　(68)

3653 （日野SKG-XZB50M）　　(69)　　　3655 （日野SKG-XZB70M）　　(70)

1298 （日野BDG-HX6JHAE）　　(71)　　　921 （日野BDG-HX6JLAE）　　(72)

1（日野BDG-HX6JLAE）　　　（73）

2013（日野KC-RJ1JJCK）　　　（74）

2033（日野KC-RJ1JJCK）　　　（75）

1976（日野KC-RR1JJAA）　　　（76）

2535（日野KK-RJ1JJHK）　　　（77）

2231（日野KK-RR1JJEA）　　　（78）

2144（日野KK-HR1JKEE）　　　（79）

2485（日野KL-HR1JNEE）　　　（80）

2564（日野KL-HR1JNEE） (81)

2390（日野PK-HR7JPAE） (82)

2994（日野PA-KR234J1） (83)

1997（日野PDG-KR234J2） (84)

3032（日野BDG-RR7JJBA） (85)

2197（日野SKG-KR290J1） (86)

2451（日野SDG-KR290J1） (87)

2700（日野SKG-KR290J2） (88)

338（日野KC-HU2MLCA）　　　　（89）

903（日野KL-HU2PMEA）　　　　（90）

1262（日野PJ-KV234N1）　　　　（91）

2324（日野QPG-KV234N3）　　　　（92）

2450（日野QKG-KV234N3）　　　　（93）

2741（日野KL-RU4FSEA）　　　　（94）

2937（日野PKG-RU1ESAA）　　　　（95）

3116（日野PKG-RU1ESAA）　　　　（96）

2041（日野LKG-RU1ESBA）　　（97）

3801（日野LKG-RU1ESBA）　　（98）

366（日野QPG-RU1ESBA）　　（99）

3803（日野QPG-RU1ESBA）　　（100）

2351（日野QRG-RU1ASCA）　　（101）

2427（日野QRG-RU1ASCA）　　（102）

848（日野QRG-RU1ESBA）　　（103）

911（日野QRG-RU1ESBA）　　（104）

8006（日野QTG-RU1ASCA） (105)

2790（日野2TG-RU1ASDA） (106)

8010（日野2TG-RU1ASDA） (107)

901（日野2TG-RU1ASDA） (108)

162（三菱KC-BE632E） (109)

5610（三菱KC-BE632G） (110)

638（三菱KK-BE63EG） (111)

6681（三菱KK-BE63EG） (112)

776（三菱KK-BE64EG） (113)

2323（三菱KK-BE64DJ） (114)

2458（三菱KK-BE64DJ） (115)

1177（三菱PA-BE64DG） (116)

478（三菱PA-BE64DJ） (117)

1210（三菱PDG-BE63DG） (118)

1172（三菱SKG-BE640G） (119)

1170（三菱TPG-BE640G） (120)

1316（三菱TPG-BE640G） (121)

1193（三菱TPG-BE640G） (122)

152（三菱2RG-BE740G） (123)

1216（三菱2RG-BE740G） (124)

7804（三菱2RG-BE740G） (125)

1819（三菱KC-MK219J） (126)

2060（三菱KC-MK219J） (127)

1869（三菱KK-MJ23HE） (128)

2454（三菱KK-MJ26HF）　　　　　　（129）

2370（三菱KK-MJ26HF）　　　　　　（130）

2675（三菱KK-MJ27HL）　　　　　　（131）

2507（三菱KK-MK25HJ）　　　　　　（132）

2779（三菱KK-MK25HJ）　　　　　　（133）

2930（三菱KK-MK27HM）　　　　　　（134）

3101（三菱PA-MK25FJ）　　　　　　（135）

2988（三菱PA-MK25FJ）　　　　　　（136）

910（三菱PA-MK27FM） (137)

2330（三菱TKG-MK27FH） (138)

2053（三菱KC-MP747K） (139)

1981（三菱KC-MP717M） (140)

2654（三菱KC-MP717M） (141)

2656（三菱KC-MP717M） (142)

728（三菱KL-MP33JM） (143)

2495（三菱KL-MP35JM） (144)

2555 （三菱KL-MP35JM） （145）

2820 （三菱KL-MP35JM） （146）

551 （三菱KL-MP37JM） （147）

892 （三菱PJ-MP35JM） （148）

1391 （三菱PJ-MP35JM） （149）

1535 （三菱PKG-MP35UM） （150）

2062 （三菱LKG-MP35FM） （151）

2262 （三菱QKG-MP35FM） （152）

490（三菱QKG-MP37FM） (153)

2578（三菱KL-MS86MS） (154)

2534（三菱KL-MS86MP） (155)

2780（三菱KL-MS86MP） (156)

1701（三菱BKG-MS96JP） (157)

1774（三菱BKG-MS96JP） (158)

2059（三菱LKG-MS96VP） (159)

907（三菱QRG-MS96VP） (160)

2380（三菱QRG-MS96VP）　　　　（161）

2703（三菱QTG-MS96VP）　　　　（162）

8008（三菱2TG-MS06GP）　　　　（163）

3103（三菱2TG-MS06GP）　　　　（164）

営業所別・車種別車両数

営業所 ＼ 車種	いすゞ 乗合	いすゞ 高速	いすゞ 貸切	日産 乗合	日産 貸切	日デ 乗合	トヨタ 乗合	日野 乗合	日野 高速	日野 貸切	三菱ふそう 乗合	三菱ふそう 高速	三菱ふそう 貸切	合計
仙台営業所	24		2				1	5			33			65
村田駐在								3			2			5
富谷営業所	24					1	1	3			18			47
仙台北営業所			2					2	6	8		5	6	29
泉営業所	28		8				1	3		4	13		12	69
野村車庫	21							3			15			39
仙台南営業所	8	2						2	9		11	16		48
名取駐在					1						4			5
山形営業所		6							3			4		13
宮城交通合計	105	8	12		1	1	3	21	18	12	96	25	18	320
築館営業所			1		1		1	2		2	6		3	16
古川営業所		3	1	1	1			4	6	1	15	4	2	38
吉岡営業所	4		2		6	1	3	2	4		1	1	8	32
塩釜営業所	5				1	1	5	5		7	10		7	41
気仙沼営業所	3							6	6		8	1		24
佐沼営業所		1			1			4			13	4		23
石巻営業所	12	3						9	7		6	5		42
名取営業所			2		6		1	1		3			6	19
白石営業所	1			1	1			2			3		1	9
村田営業所	2				1	1	1	1	4	1		3	2	16
津谷営業所								1			2			3
ミヤコーバス合計	27	7	6	2	18	3	11	37	27	14	64	18	29	263
グループ総計	132	15	18	2	19	4	14	58	45	26	160	43	47	583

現有車両一覧表

ISUZU

KC-LR233J(いすゞ)
ミ 2104 宮200か2104 (99) 塩○

KK-LR233J1(いすゞ)
ミ 2280 宮200か2280 (00) 吉□
ミ 2481 宮200か2481 (01) 築○
ミ 2482 宮200か2482 (01) 石○
ミ 2358 宮200か2358 (02) 吉□
ミ 2419 宮200か2419 (03) 名□

SDG-LR290J1(JBUS)
ミ 2525 宮200か2525 15 石○
ミ 2526 宮200か2526 15 気○

SDG-RR7JJCJ(JBUS)
ミ 3014 宮200か3014 (13) 古□

SKG-LR290J2(JBUS)
ミ 2620 宮200か2620 16 石○
ミ 2621 宮200か2621 16 気○

2KG-LR290J3(JBUS)
ミ 2797 宮200か2797 18 白○
ミ 2798 宮200か2798 18 石○
ミ 2799 宮200か2799 18 石○
ミ 2896 宮200か2896 19 石○
ミ 2897 宮200か2897 19 石○

2KG-LR290J4(JBUS)
ミ 2996 宮200か2996 20 石○
ミ 2997 宮200か2997 20 石○
ミ 2998 宮200か2998 20 石○
ミ 3070 宮200か3071 21 石○
ミ 3071 宮200か3071 21 石○
ミ 3072 宮200か3072 21 気○

2DG-RR2AJDJ(JBUS)
ミ 3027 宮200か3027 21 名□
宮 919 仙200か 919 22 泉□
宮 922 仙200か 922 22 泉□
宮 923 仙200か 923 22 仙□
宮 1626 仙800か1626 22 仙□

KL-LV280L1(いすゞ)
宮 759 仙200か 759 (03) 泉○

KL-LV280N1(いすゞ)
宮 430 宮200か 430 01 富○
宮 739 宮200か 739 03 富○
宮 740 宮200か 740 03 富○
宮 743 宮200か 743 03 富○
宮 2890 宮200か2890 03 富○
宮 893 宮200か 893 04 野○
宮 894 宮200か 894 04 富○
宮 3040 宮200か3040 04 富○
宮 254 仙200か 254 05 泉○
宮 257 仙200か 257 05 泉○
宮 1066 宮200か1066 05 富○
宮 1067 宮200か1067 05 仙○
宮 1068 宮200か1068 05 南○
宮 1069 宮200か1069 05 仙○
宮 1070 宮200か1070 05 南○

PJ-LV234L1(JBUS)
宮 1268 宮200か1268 06 泉○
宮 1269 宮200か1269 06 泉○
宮 20 仙200か 20 06 泉○
宮 21 仙200か 21 06 泉○

PKG-LV234L2(JBUS)
宮 95 仙200か 95 08 泉○
宮 96 仙200か 96 08 泉○

QKG-LV234N3(JBUS)
宮 484 仙200か 484 13 泉○
宮 485 仙200か 485 13 泉○
宮 486 仙200か 486 13 野○
宮 532 仙200か 532 14 野○
ミ 2523 宮200か2523 15 吉○
ミ 2524 宮200か2524 15 村○

QDG-LV290N1(JBUS)
宮 583 仙200か 583 15 仙○
宮 584 仙200か 584 15 仙○
宮 585 仙200か 585 15 仙○
宮 586 仙200か 586 15 野○
宮 587 仙200か 587 15 仙○
宮 590 仙200か 590 15 仙○
宮 591 仙200か 591 15 泉○
宮 592 仙200か 592 15 野○
宮 2544 宮200か2544 15 富○
宮 2545 宮200か2545 15 富○
宮 596 仙200か 596 16 仙○
宮 597 仙200か 597 16 泉○
宮 598 仙200か 598 16 野○
宮 625 仙200か 625 16 仙○
宮 626 仙200か 626 16 仙○
宮 627 仙200か 627 16 野○
宮 628 仙200か 628 16 野○
宮 2550 宮200か2550 16 富○
宮 2551 宮200か2551 16 南○
ミ 2618 宮200か2618 16 吉○
ミ 2619 宮200か2619 16 塩○
宮 2627 宮200か2627 16 富○
宮 636 仙200か 636 17 泉○
宮 637 仙200か 637 17 泉○
宮 638 仙200か 638 17 野○
宮 639 仙200か 639 17 仙○
宮 640 仙200か 640 17 仙○
宮 641 仙200か 641 17 仙○
宮 643 仙200か 643 17 泉○
宮 644 仙200か 644 17 野○

宮 2650 宮200か2650 17 富○
宮 2651 宮200か2651 17 富○
宮 2652 宮200か2652 17 富○
宮 2658 宮200か2658 17 南○
宮 2659 宮200か2659 17 富○
ミ 2697 宮200か2697 17 吉○
ミ 2698 宮200か2698 17 塩○

2DG-LV290N2(JBUS)
宮 1 仙230え 1 17 仙○
宮 2 宮200こ 2 17 南○
宮 3 宮200を 3 17 富○
宮 4 仙230い 4 17 泉○
宮 5 仙230う 5 17 野○
宮 702 仙200か702 17 仙○
宮 703 仙200か703 17 仙○
宮 704 仙200か704 17 仙○
宮 2737 宮200か2737 17 富○
宮 2738 宮200か2738 17 富○
宮 708 仙200か708 18 野○
宮 709 仙200か709 18 野○
宮 710 仙200か710 18 野○
宮 711 仙200か711 18 仙○
宮 712 仙200か712 18 泉○
宮 713 仙200か713 18 野○
宮 714 仙200か714 18 泉○
宮 715 仙200か715 18 泉○
宮 716 仙200か716 18 泉○
宮 725 仙200か725 18 泉○
宮 726 仙200か726 18 仙○
宮 729 仙200か729 18 泉○
宮 732 仙200か732 18 仙○
宮 733 仙200か733 18 仙○
宮 734 仙200か734 18 野○
宮 735 仙200か735 18 野○
宮 747 仙200か747 18 泉○
宮 748 仙200か748 18 泉○
宮 752 仙200か752 18 野○
宮 753 仙200か753 18 野○
宮 754 仙200か754 18 仙○

宮 2743 宮200か2743 18 富○
宮 2782 宮200か2782 18 富○
宮 2786 宮200か2786 18 南○
宮 2787 宮200か2787 18 南○
ミ 2795 宮200か2795 18 塩○
ミ 2796 宮200か2796 18 村○
宮 2810 宮200か2810 18 富○
宮 2823 宮200か2823 18 富○
宮 760 仙200か760 19 泉○
宮 761 仙200か761 19 泉○
宮 763 仙200か763 19 泉○
宮 764 仙200か764 19 泉□
宮 816 仙200か816 19 泉□
ミ 2898 宮200か2898 19 塩○
ミ 2899 宮200か2899 19 吉○

2DG-LV290N3(JBUS)
宮 812 仙200か812 20 仙○
宮 813 仙200か813 20 泉○
宮 814 仙200か814 20 野○

2KG-LV290N3(JBUS)
宮 877 仙200か877 21 泉○
宮 878 仙200か878 21 泉○
宮 881 仙200か881 21 泉○
宮 882 仙200か882 21 仙○
宮 883 仙200か883 21 野○
宮 3020 宮200か3020 21 富○
宮 3025 宮200か3025 21 南○

PKG-RU1ESAJ(JBUS)
ミ 2916 宮200か2916 09 古◎

LKG-RU1ESBJ(JBUS)
宮 8001 山230あ8001 11 山◎
宮 8002 山230あ8002 11 山◎

SDG-RU8JHBJ(JBUS)
宮 3805 山230あ3805 13 北□
宮 3806 山230あ3806 13 北□

QPG-RU1ESBJ(JBUS)
ミ 3029 宮200か3029 12 古◎
宮 8005 山230あ8005 12 山◎

QRG-RU1ASCJ(JBUS)
ミ 2424 宮200か2424 14 石○
ミ 2425 宮200か2425 14 石○

2TG-RU1ASDJ(JBUS)
ミ 2924 宮200か2924 19 佐○
ミ 2925 宮200か2925 19 石○
ミ 2932 宮200か2932 19 古○
宮 8011 山230あ8011 19 山○
宮 8012 山230あ8012 19 山○
宮 2947 宮200か2947 20 南○
宮 2948 宮200か2948 20 南○
宮 8013 山230あ8013 20 山○

NISSAN

KK-BVW41(日産)
ミ 5611 宮800あ5611 (00) 名□

KK-BHW41(日産)
ミ 640 宮200あ640 (99) 村□
ミ 6218 宮800あ6218 99 名□
ミ 810 宮200あ810 (01) 名□
ミ 923 宮200あ923 (01) 白□
ミ 6961 宮800あ6961 (03) 吉□
ミ 905 宮200あ905 04 名□
ミ 926 宮200あ926 04 古□
ミ 6753 宮800あ6753 (04) 吉□
ミ 7627 宮800あ7627 (04) 吉□

PA-AHW41(日産)
ミ 740 宮200あ740 (06) 吉□
ミ 867 宮200あ867 (06) 吉□
ミ 1002 宮200あ1002 (06) 吉□
ミ 1014 宮200あ1014 (06) 名□

PDG-EHW41(日産)
ミ 6659 宮 800 あ 6659 (08) 名□
ミ 1269 宮 200 あ 1269 (09) 古○
ミ 1212 宮 200 あ 1212 (10) 塩□

NISSAN DIESEL

KL-JP252NSN(西工)
ミ 2600 宮 200 か 2600 (03) 塩○

KL-JP252NAN(西工)
ミ 2571 宮 200 か 2571 (02) 築○
ミ 2573 宮 200 か 2573 (02) 村○
ミ 2589 宮 200 か 2589 (02) 佐○
宮 2987 宮 200 か 2987 (02) 名○

KC-UA460HAN(富士)
ミ 2412 宮 200 か 2412 (99) 白○

KL-UA452MAN(富士)
ミ 765 宮 200 か 765 03 吉○
宮 3076 宮 200 か 3076 03 富○

TOYOTA

KK-HZB40(トヨタ)
ミ 5560 宮 800 あ 5560 (00) 塩□

KK-HZB50(トヨタ)
ミ 746 宮 200 あ 746 (01) 名□
ミ 1003 宮 200 あ 1003 (03) 吉□
ミ 925 宮 200 あ 925 (04) 築□

KK-HDB50(トヨタ)
ミ 6554 宮 800 あ 6554 (03) 吉□

PB-XZB50(トヨタ)
ミ 875 宮 200 あ 875 (05) 塩□
ミ 7508 宮 800 あ 7508 (05) 塩□
ミ 7417 宮 800 あ 7417 (06) 塩□

PB-XZB51(トヨタ)
ミ 1291 宮 200 あ 129 (04) 塩□

BDG-XZB50(トヨタ)
宮 3771 仙 800 あ 3771 (08) 泉□
ミ 7999 宮 800 あ 7999 (08) 吉□

SKG-XZB50(トヨタ)
宮 164 仙 200 あ 164 (15) 仙□
ミ 1237 宮 200 あ 1237 (15) 村□

ZBC-MUM1NAE(JBUS)
宮 4020 宮 230 あ 4020 21 富○

HINO

KC-HZB50M(トヨタ)
ミ 808 宮 200 あ 808 (99) 名□

KK-HZB50M(トヨタ)
ミ 1004 宮 200 あ 1004 (03) 築□
ミ 8052 宮 800 あ 8052 (04) 築□

PB-XZB50M(トヨタ)
ミ 1006 宮 200 あ 1006 (05) 築□

PDG-XZB50M(トヨタ)
ミ 1165 宮 200 あ 1165 (09) 塩□

BDG-XZB50M(トヨタ)
ミ 828 宮 200 あ 828 (08) 塩□
ミ 829 宮 200 あ 829 (08) 塩□

SDG-XZB50M(トヨタ)
宮 163 仙 200 あ 163 (14) 泉□
ミ 1238 宮 200 あ 1238 (14) 塩□
ミ 7686 宮 800 あ 7686 (14) 村□

SKG-XZB50M(トヨタ)
宮 3653 仙 800 あ 3653 (17) 泉□

SKG-XZB70M(トヨタ)
宮 3655 仙 800 あ 3655 (17) 泉□

BDG-HX6JHAE(JBUS)
宮 169 仙 200 あ 169 (09) 仙○
ミ 1297 宮 200 あ 1297 (09) 古○
ミ 1298 宮 200 あ 1298 (09) 古○

BDG-HX6JLAE(JBUS)
宮 921 仙 200 か 921 (09) 仙○
宮 1 仙 230 き 1 (10) 野○

SKG-HX9JLBE(JBUS)
宮 2 仙 230 か 2 (11) 野○

KC-RJ1JJCK(日野)
ミ 2012 宮 200 か 2012 (99) 気○
ミ 2013 宮 200 か 2013 (99) 気○
ミ 2021 宮 200 か 2021 (99) 村○
ミ 2033 宮 200 か 2033 (99) 気○
ミ 2045 宮 200 か 2045 (99) 石○
ミ 2051 宮 200 か 2051 (99) 石○
ミ 2054 宮 200 か 2054 (99) 石○
ミ 2073 宮 200 か 2073 (99) 石○
ミ 2077 宮 200 か 2077 (99) 津○
ミ 2078 宮 200 か 2078 (99) 気○
ミ 2087 宮 200 か 2087 (99) 石○

KC-RR1JJAA(日野)
ミ 1976 宮 200 か 1976 (99) 佐○

KK-RJ1JJHK(日野)
ミ 2502 宮 200 か 2502 (03) 古○
ミ 2541 宮 200 か 2541 (03) 塩○
ミ 2546 宮 200 か 2546 (03) 築○
ミ 2535 宮 200 か 2535 (04) 佐○
ミ 2537 宮 200 か 2537 (04) 塩○

KK-RR1JJEA(日野)
ミ 2231 宮 200 か 2231 (00) 名□

KK-HR1JKEE(日野)
ミ 2144 宮 200 か 2144 (03) 石○

KL-HR1JNEE(日野)
ミ 2485 宮 200 か 2485 (00) 塩○
ミ 2492 宮 200 か 2492 (00) 塩○
ミ 2564 宮 200 か 2564 (02) 塩○
ミ 2857 宮 200 か 2857 (02) 築○
宮 2986 宮 200 か 2986 (02) 村○
宮 3075 宮 200 か 3075 (02) 南○

PK-HR7JPAE(JBUS)
ミ 2390 宮 200 か 2390 (05) 名○

PA-KR234J1(JBUS)
ミ 2994 宮 200 か 2994 (06) 気○
ミ 3084 宮 200 か 3084 (06) 吉○
ミ 3091 宮 200 か 3091 (06) 石○

PDG-KR234J2(JBUS)
ミ 1996 宮 200 か 1996 11 石○
ミ 1997 宮 200 か 1997 11 佐○

BDG-RR7JJBA(JBUS)
ミ 3032 宮 200 か 3032 (09) 古□

SKG-KR290J1(JBUS)
ミ 2197 宮 200 か 2197 12 佐○
ミ 2198 宮 200 か 2198 12 白○

SDG-KR290J1(JBUS)
ミ 2451 宮 200 か 2451 14 古○

SKG-KR290J2(JBUS)
ミ 2699 宮 200 か 2699 17 石○
ミ 2700 宮 200 か 2700 17 気○

KC-HU2MLCA(日野)
宮 338 仙 200 か 338 (99) 北○
宮 399 仙 200 か 399 (99) 仙○

KL-HU2PMEA(日野)
宮 909 仙 200 か 909 01 泉○
宮 839 仙 200 か 839 04 北○
宮 903 仙 200 か 903 04 村○

KL-KV280L1(JBUS)
宮 1071 宮 200 か 1071 05 泉○
宮 1072 宮 200 か 1072 05 泉○

PJ-KV234N1(JBUS)
宮 1260 宮 200 か 1260 06 富○
宮 1261 宮 200 か 1261 06 富○
宮 1262 宮 200 か 1262 06 富○
宮 1263 宮 200 か 1263 06 野○
宮 1264 宮 200 か 1264 06 仙○
宮 1265 宮 200 か 1265 06 仙○
宮 1266 宮 200 か 1266 06 村○
宮 1267 宮 200 か 1267 06 南○

QPG-KV234N3(JBUS)
ミ 2324 宮 200 か 2324 13 白○

QKG-KV234N3(JBUS)
ミ 2450 宮 200 か 2450 14 吉○

KL-RU4FSEA(JBUS)
ミ 2741 宮 200 か 2741 (05) 村◎

PKG-RU1ESAA(JBUS)
ミ 2102 宮 200 か 2102 09 村○
ミ 2829 宮 200 か 2829 09 塩○
宮 847 仙 200 か 847 10 北□
ミ 2937 宮 200 か 2937 10 石○
ミ 2938 宮 200 か 2938 10 気○
ミ 2954 宮 200 か 2954 10 塩○
ミ 3116 宮 200 か 3116 10 塩□

LKG-RU1ESBA(JBUS)
ミ 2040 宮 200 か 2040 11 気○
ミ 2041 宮 200 か 2041 11 古○

ミ 2727 宮 200 か 2727 11 古○
宮 3801 仙 230 い 3801 11 北□

QPG-RU1ESBA(JBUS)
宮 366 仙 200 か 366 12 北○
ミ 2133 宮 200 か 2133 12 南○
宮 3802 仙 230 い 3802 12 北□
宮 3803 仙 230 あ 3803 12 北□
宮 3804 仙 230 あ 3804 12 北□

QRG-RU1ASCA(JBUS)
宮 471 仙 200 か 471 13 北○
ミ 2300 宮 200 か 2300 13 石○
ミ 2301 宮 200 か 2301 13 石○
ミ 2302 宮 200 か 2302 13 石○
ミ 2348 宮 200 か 2348 13 気○
ミ 2350 宮 200 か 2350 13 石○
ミ 2351 宮 200 か 2351 13 石○
ミ 2427 宮 200 か 2427 14 古○
宮 3807 仙 230 あ 3807 14 北□
宮 3808 仙 230 あ 3808 14 北□

QRG-RU1ESBA(JBUS)
宮 848 仙 200 か 848 14 北□
宮 2436 仙 230 あ 2436 14 南○
宮 2437 仙 230 あ 2437 14 南○
宮 2438 仙 230 あ 2438 14 南○
宮 2439 仙 230 あ 2439 14 南○
宮 2440 仙 230 あ 2440 14 南○
宮 2441 仙 230 あ 2441 14 南○
宮 911 仙 200 か 911 16 北○

QTG-RU1ASCA(JBUS)
ミ 2633 宮 200 か 2633 16 吉○
ミ 2634 宮 200 か 2634 16 気○
ミ 2640 宮 200 か 2640 16 村○
宮 8006 山 230 あ 8006 16 山○

2TG-RU1ASDA(JBUS)
ミ 2724 宮 200 か 2724 17 古○

ミ 2725 宮 200 か 2725 17 吉◎
ミ 2733 宮 200 か 2733 17 気◎
ミ 2734 宮 200 か 2734 17 石◎
ミ 2735 宮 200 か 2735 17 吉◎
ミ 2789 宮 200 か 2789 18 古◎
ミ 2790 宮 200 か 2690 18 気◎
ミ 2802 宮 200 か 2802 18 村◎
ミ 2803 宮 200 か 2803 18 古◎
ミ 2805 宮 200 か 2805 18 吉◎
宮 2855 宮 200 か 2855 19 南◎
宮 2856 宮 200 か 2856 19 南◎
宮 8009 山 230 あ 8009 19 山◎
宮 8010 山 230 あ 8010 19 山◎
宮 901 仙 200 か 901 20 北◎
宮 902 仙 200 か 902 20 北◎
宮 903 仙 200 か 903 20 北◎
宮 924 仙 200 か 924 22 泉◎

MITSUBISHI FUSO

KC-BE632E(三菱)
宮 162 仙 200 あ 162 (98) 泉□

KC-BE632G(三菱)
ミ 5610 宮 800 あ 5610 99 名□

KK-BE63EG(三菱)
ミ 638 宮 200 あ 638 (99) 村□
ミ 553 宮 200 あ 553 01 名□
ミ 6681 宮 800 あ 6681 (03) 吉□

KK-BE64EG(三菱)
ミ 776 宮 200 あ 776 00 塩□

KK-BE64DJ(三菱)
ミ 2323 宮 200 か 2323 (02) 吉□
ミ 2448 宮 200 か 2448 (03) 吉□
ミ 2458 宮 200 か 2458 (03) 名□

PA-BE64DG(三菱)

ミ 1177 宮 200 あ 1177 05 築□

PA-BE64DJ(三菱)
ミ 478 宮 200 あ 478 07 吉□

PDG-BE63DG(MFBM)
ミ 1210 宮 200 あ 1210 (10) 名□

SKG-BE640G(MFBM)
ミ 1172 宮 200 あ 1172 12 築□

TPG-BE640G(MFBM)
ミ 7376 宮 800 あ 7376 (12) 吉□
ミ 1211 宮 200 あ 1211 (14) 築□
ミ 1170 宮 200 あ 1170 (15) 名□
ミ 1235 宮 200 あ 1235 (17) 塩□
ミ 1236 宮 200 あ 1236 (17) 吉□
ミ 1316 宮 200 あ 1316 (17) 白□
ミ 1193 宮 200 あ 1193 19 古◎

2RG-BE740G(MFBM)
宮 152 仙 200 あ 152 20 仙◎
宮 156 仙 200 あ 156 20 仙◎
ミ 1216 宮 200 あ 1216 20 古□
ミ 1217 宮 200 あ 1217 20 名□
ミ 7794 宮 800 あ 7794 20 吉□
ミ 7795 宮 800 あ 7795 20 村□
ミ 7803 宮 800 あ 7803 20 塩□
ミ 7804 宮 800 あ 7804 20 吉□

KC-MK219J(MBM))
ミ 1819 宮 200 か 1819 (98) 佐◎
ミ 1855 宮 200 か 1855 (98) 佐◎
ミ 2009 宮 200 か 2009 (99) 白◎
ミ 2060 宮 200 か 2060 (99) 気◎

KK-MJ23HE(MBM)
ミ 1869 宮 200 か 1869 (99) 古◎

KK-MJ26HF(MBM)

ミ 2364 宮 200 か 2364 (01) 古◎
ミ 2454 宮 200 か 2454 (01) 白◎
ミ 2367 宮 200 か 2367 (02) 古◎
ミ 2370 宮 200 か 2370 (02) 古◎
ミ 2389 宮 200 か 2389 (02) 佐◎
ミ 2410 宮 200 か 2410 (02) 古◎
ミ 2554 宮 200 か 2554 (02) 気◎

KK-MJ27HL(Mfbm)
ミ 2675 宮 200 か 2675 (03) 古◎

KK-MK25HJ(MBM/MFBM)
ミ 2507 宮 200 か 2507 (02) 古□
ミ 2593 宮 200 か 2593 (02) 石□
ミ 2632 宮 200 か 2632 (03) 古□
ミ 2653 宮 200 か 2653 (03) 古□
ミ 2681 宮 200 か 2681 (03) 佐□
ミ 2726 宮 200 か 2726 (03) 古□
ミ 2731 宮 200 か 2731 (03) 築□
ミ 2745 宮 200 か 2745 (03) 古□
ミ 2758 宮 200 か 2758 (04) 津□
ミ 2769 宮 200 か 2769 (04) 古□
ミ 2779 宮 200 か 2779 (04) 築□
ミ 2785 宮 200 か 2785 (04) 古□
ミ 2792 宮 200 か 2792 (04) 気□
ミ 2807 宮 200 か 2807 (04) 津□
ミ 2808 宮 200 か 2808 (04) 古□
ミ 2822 宮 200 か 2822 (04) 吉□
ミ 2830 宮 200 か 2830 (04) 佐□
ミ 2847 宮 200 か 2847 (04) 気□
ミ 2966 宮 200 か 2966 (04) 佐□
ミ 2968 宮 200 か 2968 (04) 石□
ミ 2969 宮 200 か 2969 (04) 塩□
ミ 3009 宮 200 か 3009 (04) 塩□
ミ 3013 宮 200 か 3013 (04) 古□

KK-MK27HM(MFBM)
宮 463 仙 200 か 463 (03) 泉□
宮 464 仙 200 か 464 (03) 泉□
宮 465 仙 200 か 465 (04) 泉□

宮 466 仙200か 466 (04) 泉□
宮 493 仙200か 493 (04) 泉□
ミ 2447 宮200か 2447 (04) 塩○
ミ 2468 宮200か 2468 (04) 塩○
ミ 2594 宮200か 2594 (04) 築○
ミ 2930 宮200か 2930 (04) 築○
ミ 2931 宮200か 2931 (04) 佐○

PA-MK25FJ(MFBM)
ミ 2999 宮200か 2999 (05) 気○
ミ 3001 宮200か 3001 (05) 築○
ミ 3008 宮200か 3008 (05) 古○
ミ 3098 宮200か 3098 (05) 石○
ミ 3101 宮200か 3101 (05) 佐○
宮 930 仙200か 930 (06) 泉□
ミ 2985 宮200か 2985 (06) 気○
ミ 2988 宮200か 2988 (06) 石○
ミ 3043 宮200か 3043 (06) 塩○
ミ 3044 宮200か 3044 (06) 塩○
ミ 3051 宮200か 3051 (06) 築○
ミ 3052 宮200か 3052 (06) 気○
ミ 3060 宮200か 3060 (06) 佐○
ミ 3063 宮200か 3063 (06) 佐○
ミ 3069 宮200か 3069 (06) 石○
ミ 3073 宮200か 3073 (06) 気○
ミ 3080 宮200か 3080 (06) 白○
ミ 3082 宮200か 3082 (06) 石○

PA-MK27FM(MFBM)
宮 910 仙200か 910 (05) 野○

TKG-MK27FH(MFBM)
ミ 2330 宮200か 2330 13 古○
ミ 8888 宮202い 8888 13 塩○

KC-MP747K(MBM)
宮 2053 宮200か 2053 (99) 南○

KC-MP717M(MBM)
宮 306 仙200か 306 (99) 野○

ミ 1981 宮200か 1981 (99) 塩○
宮 3047 宮200か 3047 (99) 名○
宮 426 仙200か 426 (00) 泉○
宮 2654 宮200か 2654 (00) 富○
宮 2656 宮200か 2656 (00) 村○
宮 3050 宮200か 3050 (00) 名○

KL-MP33JM(MBM)
宮 728 仙200か 728 (02) 泉○

KL-MP35JM(MBM/MFBM)
宮 467 仙200か 467 (01) 仙○
宮 2495 宮200か 2495 (01) 南○
宮 553 仙200か 553 (02) 泉○
宮 601 仙200か 601 (02) 野○
宮 606 仙200か 606 (02) 仙○
宮 608 仙200か 608 (02) 仙○
ミ 2555 宮200か 2555 (02) 佐○
ミ 3031 宮200か 3031 (02) 塩○
ミ 3035 宮200か 3035 (02) 塩○
宮 738 仙200か 738 (04) 仙○
宮 815 仙200か 815 (04) 泉○
宮 819 仙200か 819 (04) 泉○
宮 2820 宮200か 2820 (04) 名○
宮 820 仙200か 820 (05) 泉□
宮 838 仙200か 838 (05) 仙○
宮 900 仙200か 900 (05) 泉○
宮 2826 宮200か 2826 (05) 南○
宮 3045 宮200か 3045 (05) 南○

KL-MP37JM(MBM/MFBM)
宮 623 仙200か 623 (01) 仙○
宮 2563 宮200か 2563 (01) 富○
宮 2609 宮200か 2609 (01) 富○
宮 551 仙200か 551 (02) 仙○
宮 552 仙200か 552 (02) 仙○
宮 629 仙200か 629 (02) 仙○
宮 634 仙200か 634 (02) 仙○
宮 675 仙200か 675 (02) 仙○
宮 677 仙200か 677 (02) 仙○

宮 679 仙200か 679 (02) 仙○
宮 684 仙200か 684 (02) 野○
宮 687 仙200か 687 (02) 野○
宮 692 仙200か 692 (02) 野○
宮 912 仙200か 912 (02) 野○
宮 694 仙200か 694 (04) 仙○
宮 697 仙200か 697 (04) 仙○
宮 701 仙200か 701 (04) 野○
宮 707 仙200か 707 (04) 野○
宮 741 仙200か 741 (04) 仙○
宮 746 仙200か 746 (04) 泉○
宮 2794 宮200か 2794 (04) 富○
宮 2801 宮200か 2801 (04) 村○
宮 2809 宮200か 2809 (04) 名○
宮 2811 宮200か 2811 (04) 富○
宮 762 仙200か 762 (05) 泉○
宮 766 仙200か 766 (05) 泉○
宮 778 仙200か 778 (05) 野○
宮 784 仙200か 784 (05) 泉○
宮 786 仙200か 786 (05) 泉○
宮 792 仙200か 792 (05) 仙○
宮 2909 宮200か 2909 (05) 富□
宮 2974 宮200か 2974 (05) 南○

PJ-MP35JM(MFBM)
宮 807 仙200か 807 (05) 泉□
宮 892 仙200か 892 (05) 仙○
宮 22 仙200か 22 06 野○
宮 23 仙200か 23 06 仙○
宮 24 仙200か 24 06 仙○
宮 25 仙200か 25 06 仙○
宮 1390 宮200か 1390 06 富○
宮 1391 宮200か 1391 06 富○
宮 1392 宮200か 1392 06 富○

PKG-MP35UM(MFBM)
宮 91 仙200か 91 08 仙○
宮 92 仙200か 92 08 野○
宮 93 仙200か 93 08 野○
宮 1532 宮200か 1532 08 南○

宮	1533	宮200か1533	08	南○
宮	1534	宮200か1534	08	富○
宮	1535	宮200か1535	08	富○

LKG-MP35FM(MFBM)

宮	330	仙200か330	11	仙○
宮	331	仙200か331	11	泉○
宮	332	仙200か332	11	野○
宮	2061	宮200か2061	11	富○
宮	2062	宮200か2062	11	富○

QKG-MP35FM(MFBM)

宮	418	仙200か418	13	仙○
宮	420	仙200か420	13	泉○
宮	421	仙200か421	13	泉○
宮	422	仙200か422	13	野○
宮	614	仙200か614	13	仙○
宮	2262	宮200か2262	13	南○
宮	2263	宮200か2263	13	富○

QKG-MP37FM(MFBM)

宮	487	仙200か487	13	仙○
宮	488	仙200か488	13	仙○
宮	489	仙200か489	13	仙○
宮	490	仙200か490	13	仙○
宮	2353	宮200か2353	13	南○
宮	2354	宮200か2354	13	富○
宮	2355	宮200か2355	13	富○

QKG-MP38FK(MFBM)

宮	536	仙200か536	14	仙○
宮	537	仙200か537	14	仙○
宮	538	仙200か538	14	泉○
宮	539	仙200か539	14	泉○
宮	2462	宮200か2462	14	富○
宮	2463	宮200か2463	14	富○
宮	2464	宮200か2464	14	南○
宮	2465	宮200か2465	14	南○

KL-MS86MS(MFBM)

ミ	2578	宮200か2578	(03)	古○

KL-MS86MP(MFBM)

ミ	2534	宮200か2534	(03)	佐○
ミ	2780	宮200か2780	(03)	古○

BKG-MS96JP(MFBM)

ミ	2865	宮200か2865	08	塩□
ミ	1654	宮200か1654	09	塩□
ミ	1696	宮200か1696	09	石○
ミ	1701	宮200か1701	09	佐○
ミ	2113	宮200か2113	09	古○
ミ	2827	宮200か2827	09	塩□
ミ	1773	宮200か1773	10	吉○
ミ	1774	宮200か1774	10	塩□

LKG-MS96VP(MFBM)

ミ	1835	宮200か1835	11	村○
ミ	1837	宮200か1837	11	石○
宮	1863	宮200か1863	11	南○
宮	2058	宮200か2058	11	南○
宮	2059	宮200か2059	11	南○
宮	2395	宮200か2395	11	南○
宮	8003	山230あ8003	11	山○
宮	340	仙200か340	12	北○
ミ	2446	宮200か2446	12	石○
宮	8004	山230あ8004	12	山○

QRG-MS96VP(MFBM)

宮	439	仙230あ439	13	北□

宮	907	仙200か907	13	北◎
宮	2305	宮230あ2305	13	南○
宮	2306	宮200か2306	13	南○
宮	3061	宮200か3061	13	南○
宮	905	仙200か905	14	北□
宮	906	仙200か906	14	北□
ミ	2379	宮200か2379	14	佐○
ミ	2380	宮200か2380	14	村○
ミ	3100	宮200か3100	14	村○

QTG-MS96VP(MFBM)

宮	908	仙200か908	16	北◎
宮	2547	宮200か2547	16	南○
宮	2616	宮200か2616	16	南○
宮	3809	仙230あ3809	16	北○
宮	904	仙200か904	17	北○
宮	2703	宮200か2703	17	南○
宮	2704	宮200か2704	17	南○

2TG-MS06GP(MFBM)

宮	2818	宮200か2818	18	南○
宮	2819	宮200か2819	18	南○
宮	8007	山230あ8007	18	山○
宮	8008	山230あ8008	18	山○
宮	787	仙200か787	19	北○
宮	3064	宮200か3064	19	南○
宮	3065	宮200か3065	19	南○
宮	3066	宮200か3066	19	南○
ミ	2973	宮200か2973	20	気○
ミ	3078	宮200か3071	21	佐○
ミ	3102	宮200か3102	22	石◎
ミ	3103	宮200か3103	22	石◎
ミ	3104	宮200か3104	22	古○
ミ	3810	仙230あ3810	22	北□
ミ	3811	仙230あ3811	22	北□

●現有車両一覧表凡例

KC-LR233J　（いすゞ）
① ②

ミ　2104　宮200か2104　〔99〕　塩　○
③　　④　　　⑤　　　　⑥　　⑦⑧
①車台型式（改は省略）

②ボディメーカー
③保有事業者
　宮：宮城交通／ミ：ミヤコーバス
④社番（P4参照）
⑤登録番号
　仙：仙台／宮：宮城／山：山形
⑥年式（登録年西暦の下2桁）
　（　）：移籍車の新製時の登録年
⑦所属営業所

仙：仙台／富：富谷（とみや）／北：仙台北／
泉：泉／野：野村／南：仙台南／名
：名取／村：村田／山：山形／築：
築館（つきだて）／古：古川／吉：吉岡／塩：塩
釜／気：気仙沼（けせんぬま）／佐：佐沼／石：石
巻／白：白石／津：津谷（つや）
⑧用途
　○：一般路線車／◎：高速車／□：
　貸切車

現有車両車種別解説

ISUZU ▰▰▰▰▰▰

●KC-LR233J　　　　　　　　（9）
　機関6HH1、軸距4400mmの中型車。
前中引戸・銀枠引き違い窓のジャーニ
ーKツーステップバス。名古屋市から
移籍した。

●KK-LR233J1　　　　　（10〜14）
　機関6HH1、軸距4400mmの中型車。
2380は前折戸・銀枠引き違い窓、2481
はスイングドア・黒枠引き違い窓、
2358は前折戸・黒枠逆T字型窓、2419
は前折戸・黒枠引き違い窓のガーラミ
オである。2482は前中引戸・黒枠逆T
字型窓のエルガミオワンステップバ
ス。立川バスから移籍した。

●SDG-LR290J1　　　　　　（15）
　機関4HK1、軸距4400mm、AT仕様の
中型車。前中引戸・黒枠逆T字型窓の
エルガミオノンステップバスである。

●SDG-RR7JJCJ　　　　　　（16）
　機関J07E、軸距4490mmの中型車。前
折戸・黒枠引き違い窓のガーラミオで
ある。

●SKG-LR290J2　　　　　　（17）
　機関4HK1、軸距4400mm、AMT仕様の
中型車。前中引戸・黒枠逆T字型窓の
エルガミオノンステップバスである。

●2KG-LR290J3　　　　　　（18）

　機関4HK1、軸距4400mm、AMT仕様の
中型車。前中引戸・黒枠逆T字型窓の
エルガミオノンステップバス。白色L
EDが採用されている。

●2KG-LR290J4　　　　　　（19）
　機関4HK1、軸距4400mm、AMT仕様の
中型車。前中引戸・黒枠逆T字型窓の
エルガミオノンステップバス。白色L
EDが採用されている。

●2DG-RR2AJDJ　　　　（20・21）
　機関A05C、軸距4490mm、AMT仕様の
中型車。前折戸・黒枠引き違い窓のガ
ーラミオ。919・922・923・1626は側
面にリフトを装備している。

●KL-LV280L1　　　　　　（22）
　機関8PE1、軸距4800mmの短尺大型
車。前折戸・銀枠引き違い窓のエルガ
ツーステップバスである。

●KL-LV280N1　　　　　（23・24）
　機関8PE1、軸距5300mmの中尺大型
車。前中引戸・黒枠逆T字型窓のエル
ガワンステップバス。2003年式から側
窓がサッシレスになり、側面表示器が
戸袋前に変更された。

●PJ-LV234L1　　　　　　（25）
　機関6HK1、軸距4800mmの短尺大型
車。前中引戸・黒枠逆T字型窓のエル
ガノンステップバスである。

●PKG-LV234L2　　　　　　　（26）
　機関6HK、軸距4800mmの短尺大型
車。前中引戸・黒枠逆T字型窓のエル
ガノンステップバスである。

●QKG-LV234N3　　　　　（27・28）
　機関6HK1、軸距5300mmの中尺大型
車。前中引戸・黒枠逆T字型窓のエル
ガノンステップバス。2014年式から側
面表示器が戸袋内に変更された。

●QDG-LV290N1　　　　　　　（29）
　機関4HK1、軸距5300mm、AT仕様の
短尺大型車。前中引戸・黒枠逆T字型
窓のエルガノンステップバスである。

●2DG-LV290N2　　　　　（30・31）
　機関4HK1、軸距5300mm、AT仕様の
短尺大型車。一般路線車は前中引戸・
黒枠逆T字型窓のエルガノンステップ
バス。白色LEDが採用されている。貸
切車は前折戸・黒枠逆T字型窓のエル
ガノンステップバス。760・761は白百
合学園カラーである。

●2DG-LV290N3　　　　　　　（32）
　機関4HK1、軸距5300mm、AT仕様の
短尺大型車。前中引戸・黒枠逆T字型
窓のエルガノンステップバス。白色L
EDが採用されている。

●2KG-LV290N3　　　　　　　（33）
　機関4HK1、軸距5300mm、AT仕様の
短尺大型車。前中引戸・黒枠逆T字型
窓のエルガノンステップバス。白色L
EDが採用されている。

●PKG-RU1ESAJ　　　　　　（34）
　機関E13C、軸距6080mmの大型車。
スイングドア・T字型窓のガーラ。55
人乗りの高速車である。

●LKG-RU1ESBJ　　　　　　（35）
　機関E13C、軸距6080mmの大型車。
スイングドア・T字型窓のガーラ。58
人乗りの高速車である。

●SDG-RU8JHBJ　　　　　　（36）

　機関J08E、軸距4200mmの9ｍ尺大型
車。スイングドア・T字型窓のガーラ
9。27人乗りの貸切車である。

●QPG-RU1ESBJ　　　　　　（37）
　機関E13C、軸距6080mmの大型車。
スイングドア・T字型窓のガーラ。58
人乗りの高速車である。

●QRG-RU1ASCJ　　　　　　（38）
　機関A09C、軸距6080mmの大型車。
折戸・T字型窓のガーラ。60人乗りの
高速車である。

●2TG-RU1ASDJ　　　　　　（39）
　機関A09C、軸距6080mmの大型車。
折戸・T字型窓・AMT仕様のガーラ。
白色LEDを採用。60人乗りの高速車で
ある。

NISSAN ▰▰▰▰▰▰▰▰

●KK-BVW41　　　　　　　　（40）
　機関TD42、軸距3310mmの小型車。
折戸・銀枠窓のシビリアン。後面にリ
フトを装備している。

●KK-BHW41　　　　　　（41～43）
　機関TD42、軸距3690mmの小型車。
640・6218・810・6961・6753・7627は
折戸・銀枠窓、923はスイングドア・
黒枠窓、905・926はスイングドア・銀
枠窓のシビリアン。640・6218・6961
・6753・7627は後面にリフトを装備し
ている。

●PA-AHW41　　　　　　　　（44）
　機関4M50、軸距3690mmの小型車。
スイングドア・黒枠窓のシビリアンで
ある。

●PDG-EHW41　　　　　（45・46）
　機関ZD30DD、軸距3690mmの小型車。
6659・1269はスイングドア・銀枠窓、
1212は折戸・銀枠窓のシビリアン。
6659は後面にリフトを装備している。

NISSAN DIESEL ▰▰▰▰▰

●KL-JP252NSN　　　　　　　（47）

機関FE6、軸距5560mmの10.5m尺中型車。前中4枚折戸・黒枠逆T字型窓の西工ボディを持つワンステップバス。京王から移籍した。

●KL-JP252NAN　　　　　（48）

　機関FE6、軸距5560mmの10.5m尺中型車。前中引戸・黒枠逆T字型窓の西工ボディを持つノンステップバス。京王から移籍した。

●KC-UA460HAN　　　　　（49）

　機関PG6、軸距4720mmの短尺大型車。前中4枚折戸・黒枠逆T字型窓の富士ボディを持つらくらくステップバス。東京都から移籍した。

●KL-UA452MAN　　　　　（50）

　機関PF6H、軸距5300mmの中尺大型車。前中引戸・黒枠逆T字型窓の富士ボディを持つワンステップバスである。

TOYOTA

●KK-HZB40　　　　　　　（51）

　機関1HZ、軸距3200mmの小型車。折戸・銀枠窓のコースター。後面にリフトを装備している。

●KK-HZB50　　　　　　（52・53）

　機関1HZ、軸距3935mmの小型車。746・1003は折戸・銀枠窓、925はスイングドア・銀枠窓のコースター。746は後面にリフトを装備している。

●KK-HDB50　　　　　　　（54）

　機関1HD、軸距3935mmの小型車。折戸・銀枠窓のコースター。後面にリフトを装備している。

●PB-XZB50　　　　　　　（55）

　機関N04C、軸距3935mmの小型車。スイングドア・黒枠窓のコースター。7508・7417は後面にリフトを装備している。

●PB-XZB51　　　　　　　（56）

　機関N04C、軸距3935mm・AT仕様

の小型車。スイングドア・黒枠窓のコースター。後面にリフトを装備している。

●BDG-XZB50　　　　　（57・58）

　機関N04C、軸距3935mm・AT仕様の小型車。3771は折戸・銀枠窓、7999はスイングドア・銀枠窓のコースター。後面にリフトを装備している。

●SKG-XZB50　　　　　　（59）

　機関N04C、軸距3935mm・AT仕様の小型車。スイングドア・銀枠窓のコースターである。

●ZBG-MUM1NAE　　　　（2）

　113kWモーター×2、軸距5300mmの中尺大型車。前中扉・半固定窓のFC（燃料電池）バスSORA。白色LEDが採用されている。

HINO

●KC-HZB50M　　　　　　（60）

　機関1HZ、軸距3935mmの小型車。スイングドア・銀枠窓のリエッセIIである。

●KK-HZB50M　　　　　（61・62）

　機関1HZ、軸距3935mmの小型車。1004はスイングドア・銀枠窓、8052は折戸・黒枠窓のリエッセII。8052は後面にリフトを装備している。

●PB-XZB50M　　　　　　（63）

　機関N04C、軸距3935mmの小型車。スイングドア・銀枠窓のリエッセIIである。

●PDG-XZB50M　　　　　（64）

　機関N04C、軸距3935mmの小型車。折戸・黒枠窓のリエッセIIである。

●BDG-XZB50M　　　　　（65）

　機関N04C、軸距3935mm・AT仕様の小型車。スイングドア・黒枠窓のリエッセIIである。

●SDG-XZB50M　　　　　（66〜68）

　機関N04C、軸距3935mm・AT仕様の

小型車。163は折戸・黒枠窓、1238は
スイングドア・黒枠窓、7686は折戸・
銀枠窓のリエッセⅡ。7686は後面にリ
フトを装備している。

● SKG-XZB50M　　　　　　　（69）
　機関N04C、軸距3935mm・AT仕様の
小型車。折戸・銀枠窓のリエッセⅡ。
後面にリフトを装備している。

● SKG-XZB70M　　　　　　　（70）
　機関N04C、軸距3935mm・AT仕様の
小型車。折戸・銀枠窓のリエッセⅡ。
後面にリフトを装備している。

● BDG-HX6JHAE　　　　　　（71）
　機関J05D、軸距4125mmの小型車。1
扉・逆T字型窓のポンチョショート。
名鉄から移籍した。

● BDG-HX6JLAE　　　　（72・73）
　機関J05D、軸距4825mmの小型車。
921は1扉・逆T字型窓のポンチョロン
グ。名鉄から移籍し、長町ループ
バス「ながまちくん」に使用されてい
る。1は2扉・逆T字型窓のポンチョ
ロング。名鉄から移籍し、仙台市都心
循環バス「まちのり『チョコット』
withラプラス」に使用されている。

● SKG-HX9JLBE　　　　　　　（4）
　機関J05E、軸距4825mmの小型車。
2扉・逆T字型窓のポンチョロング。
名鉄から移籍し、仙台市都心循環バス
「まちのり『チョコット』withラプ
ラス」に使用されている。

● KC-RJ1JJCK　　　　　（74・75）
　機関J08C、軸距4490mmの中型車。
2012・2013は前中4枚折戸・黒枠逆T
字型窓のレインボーRJワンステップバ
ス。京王から移籍した。2021・2033・
2045・2051・2054・2073・2077・2078
・2087は前中4枚折戸・銀枠2段窓の
レインボーRJらくらくステップバス。
東京都から移籍し、2033は都営バスカ

ラーのまま使用されている。

● KC-RR1JJAA　　　　　　　（76）
　機関J08C、軸距4490mmの中型車。前
中引戸・銀枠引き違い窓のレインボー
RRツーステップバス。名古屋市から
移籍した。

● KK-RJ1JJHK　　　　　　　（77）
　機関J08C、軸距4490mmの中型車。前
中引戸・黒枠逆T字型窓のレインボー
RJワンステップバス。名鉄から移籍し
た。

● KK-RR1JJEA　　　　　　　（78）
　機関J08C、軸距4490mmの中型車。前
折戸・銀枠引き違い窓のメルファ9で
ある。

● KK-HR1JKEE　　　　　　　（79）
　機関J08C、軸距4600mmの中型車。前
中引戸・黒枠逆T字型窓のレインボー
HRノンステップバス。神姫バスから
移籍し、神姫バスカラーのまま使用さ
れている。

● KL-HR1JNEE　　　　　（80・81）
　機関J08C、軸距5480mmの10.5m尺中
型車。前中引戸・黒枠逆T字型窓のレ
インボーHRノンステップバス。2485
・2492は東京都、2564・2857・2986・
3075は名鉄から移籍した。

● PK-HR7JPAE　　　　　　　（82）
　機関J07E、軸距5580mmの10.5m尺中
型車。前中引戸・黒枠逆T字型窓のレ
インボーHRノンステップバス。名鉄
から移籍した。

● PA-KR234J1　　　　　　　（83）
　機関6HK1、軸距4400mmの中型車。
前中引戸・黒枠逆T字型窓のレインボ
ーⅡワンステップバス。名鉄から移籍
した。

● PDG-KR234J2　　　　　　（84）
　機関6HK1、軸距4400mmの中型車。
前中引戸・黒枠逆T字型窓のレインボ

ーⅡワンステップバスである。

●BDG-RR7JJBA　　　　　　（85）

　機関J07E、軸距4490mmの中型車。前折戸・黒枠引き違い窓のメルファ9である。

●SKG-KR290J1　　　　　　（86）

　機関4HK1、軸距4400mmの中型車。前中引戸・黒枠逆T字型窓のレインボーⅡワンステップバスである。

●SDG-KR290J1　　　　　　（87）

　機関4HK1、軸距4400mm、AT仕様の中型車。前中引戸・黒枠逆T字型窓のレインボーⅡノンステップバスである。

●SKG-KR290J2　　　　　　（88）

　機関4HK1、軸距4400mm、AMT仕様の中型車。前中引戸・黒枠逆T字型窓のレインボーノンステップバスである。

●KC-HU2MLCA　　　　　　（89）

　機関M10U、軸距4800mmの短尺大型車。前中4枚折戸・黒枠逆T字型窓のブルーリボンHUらくらくステップバス。東京都から移籍した。

●KL-HU2PMEA　　　　　　（90）

　機関P11C、軸距5200mmの中尺大型車。前中引戸・黒枠逆T字型窓のブルーリボンシティワンステップバス。909は冷房装置がビルトインタイプである。

●KL-KV280L1　　　　　　（3）

　機関8PE1、軸距4800mmの短尺大型車。前中引戸・黒枠逆T字型窓のブルーリボンⅡノンステップバスである。

●PJ-KV234N1　　　　　　（91）

　機関6HK1、軸距5300mmの中尺大型車。前中引戸・黒枠逆T字型窓のブルーリボンⅡワンステップバスである。

●QPG-KV234N3　　　　　　（92）

　機関6HK1、軸距5300mmの中尺大型車。前中引戸・黒枠逆T字型窓のブル

ーリボンⅡノンステップバスである。

●QKG-KV234N3　　　　　　（93）

　機関6HK1、軸距5300mm、AT仕様の中尺大型車。前中引戸・黒枠逆T字型窓のブルーリボンⅡノンステップバスである。

●KL-RU4FSEA　　　　　　（94）

　機関F21C、軸距6200mmの大型車。折戸・T字型窓のセレガRミドルデッカー。京王から移籍した52人乗りの高速車である。

●PKG-RU1ESAA　　　　（95・96）

　機関E13C、軸距6080mmの大型車。スイングドア・T字型窓のセレガ。847・3116は55人乗りの貸切車、他は59人乗りの高速車であったが、2829・2954は貸切車に転用されている。

●LKG-RU1ESBA　　　　（97・98）

　機関E13C、軸距6080mmの大型車。スイングドア・T字型窓のセレガ。2040・2041・2727は58人乗りの高速車、3801は54人乗りの貸切車である。

●QPG-RU1ESBA　　　（99・100）

　機関E13C、軸距6080mmの大型車。スイングドア・T字型窓のセレガ。366・2133は58人乗りの高速車、3802～3804は54人乗りの貸切車である。

●QRG-RU1ASCA　　　（101・102）

　機関A09C、軸距6080mmの大型車。471・2300～2302・2348・2350・2351・3807・3808はスイングドア・T字型窓のセレガ。3807・3808は54人乗りの貸切車、471は55人乗り、他は60人乗りの高速車である。2427は折戸・T字型窓のセレガ。60人乗りの高速車である。

●QRG-RU1ESBA　（5・103・104）

　機関E13C、軸距6080mmの大型車。848・2436～2441はスイングドア・固定窓のセレガ。中央トイレつき28人乗

りの高速車であったが、848は貸切車に転用されている。911はスイングドア・T字型窓のセレガ。後部トイレつき41人乗りの高速車である。

●QTG-RU1ASCA　　　　（6・105）
　機関A09C、軸距6080mmの大型車。2633・2634・2640は折戸・T字型窓のセレガ。60人乗りの高速車である。8006はスイングドア・T字型窓のセレガ。60人乗りの高速車である。

●2TG-RU1ASDA　（8・106〜108）
　機関A09C、軸距6080mmの大型車。2724・2725・2733〜2735・2789・2790・2802・2803・2805は折戸・T字型窓のセレガ。60人乗りの高速車である。2855・2856・8009・8010・901〜903・924はスイングドア・T字型窓・AMT仕様のセレガ。高速車は白色LEDが採用され、貸切車は側面にリフトを装備。924は45人乗りの貸切車、901〜903は後部トイレつき40人乗り、他は60人乗りの高速車である。

MITSUBISHI FUSO

●KC-BE632E　　　　　　（109）
　機関4M51、軸距3490mmの小型車。折戸・銀枠窓のローザである。

●KC-BE632G　　　　　　（110）
　機関4M51、軸距3995mmの小型車。折戸・銀枠窓のローザ。後面にリフトを装備している。

●KK-BE63EG　　　　（111・112）
　機関4M51、軸距3995mmの小型車。638・553は折戸・銀枠窓、6681は折戸・黒枠窓のローザ。638・6681は後面にリフトを装備している。

●KK-BE64EG　　　　　　（113）
　機関4M51、軸距3995mmの小型車。折戸・銀枠窓のローザである。

●KK-BE64DJ　　　　（114・115）
　機関4M50、軸距4550mmの小型車。

2323はスイングドア・銀枠窓、2448・2458は折戸・銀枠窓のローザである。

●PA-BE64DG　　　　　　（116）
　機関4M50、軸距3995mmの小型車。スイングドア・黒枠窓のローザである。

●PA-BE64DJ　　　　　　（117）
　機関4M50、軸距4550mmの小型車。折戸・銀枠窓のローザである。

●PDG-BE63DG　　　　　（118）
　機関4M50、軸距3995mmの小型車。折戸・黒枠窓のローザである。

●SKG-BE640G　　　　　（119）
　機関4P10、軸距3995mm、AMT仕様の小型車。スイングドア・銀枠窓のローザである。

●TPG-BE640G　　　（120〜122）
　機関4P10、軸距3995mm、AMT仕様の小型車。7376・1211・1235・1236・1316・1193は折戸・黒枠窓、1170はスイングドア・黒枠窓のローザ。7376は後面にリフトを装備し、1193はフロントグリルが変更され、LED表示器を装備している。

●2RG-BE740G　　　（123〜125）
　機関4P10、軸距3995mm、AMT仕様の小型車。152・156・7794・7795・7803・7804は折戸・黒枠窓、1216・1217はスイングドア・黒枠窓のローザ。152・156はLED表示器を装備し、7794・7795・7803・7804は後面にリフトを装備している。

●KC-MK219J　　　　（126・127）
　機関6D17、軸距4390mmの中型車。1819・1855は前中折戸・黒枠逆T字型窓のエアロミディMKワンステップバス。名鉄から移籍した。2009・2060は前中4枚折戸・黒枠逆T字型窓のエアロミディMKワンステップバス。京王から移籍した。

●KK-MJ23HE　　　　　　　（128）
　機関6M61、軸距3490mmの7m尺中
型車。前中折戸・銀枠逆T字型窓のエ
アロミディMJワンステップバス。名
鉄から移籍した。

●KK-MJ26HF　　　　　（129・130）
　機関6M61の中型車。2364・2367・
2370・2389・2410は軸距3560mmで、前
中折戸・銀枠逆T字型窓のエアロミデ
ィMJノンステップバス。名鉄から移籍
した。2454は軸距5260mmで、前中引戸
・黒枠逆T字型窓のエアロミディMJノ
ンステップバス。名鉄から移籍した。
2554は軸距5260mmで、前中引戸・銀枠
逆T字型窓のエアロミディMJノンステ
ップバス。名鉄から移籍した。

●KK-MJ27HL　　　　　　　（131）
　機関6M61・軸距5260mmの中型車。
前中引戸・銀枠逆T字型窓のエアロミ
ディMJノンステップバス。神奈中か
ら移籍した。

●KK-MK25HJ　　　　　（132・133）
　機関6M61、軸距4390mmの中型車。
2507は前折戸・黒枠引き違い窓のエア
ロミディMKツーステップバスである。
他は前中引戸・銀枠逆T字型窓のエア
ロミディMKワンステップバス。名鉄か
ら移籍した。

●KK-MK27HM　　　　　　　（134）
　機関6M61、軸距5560mmの10.5m尺
中型車。前中引戸・銀枠逆T字型窓の
エアロミディMKノンステップバス。
名鉄から移籍した。

●PA-MK25FJ　　　　　（135・136）
　機関6M60、軸距4390mmの中型車。
前中引戸・銀枠引き違い窓のエアロミ
ディMKワンステップバス。06年式は
側面最前部に細い固定窓を配置。名鉄
から移籍した。

●PA-MK27FM　　　　　　　（137）

　機関6M60、軸距5560mmの10.5m尺
中型車。前中引戸・銀枠逆T字型窓の
エアロミディMKノンステップバス。
名鉄から移籍した。

●TKG-MK27FH　　　　　　（138）
　機関6M60、軸距4340mmの中型車。
前中引戸・黒枠逆T字型窓のエアロミ
ディMKノンステップバス。8888はうみ
の杜水族館線に使用されている。

●KC-MP747K　　　　　　　（139）
　機関6D24、軸距4800mmの短尺大型
車。前中引戸・黒枠逆T字型窓のエア
ロスターノンステップバス。京王から
移籍した。

●KC-MP717M　　　　　（140〜142）
　機関6D24、軸距5300mmの中尺大型
車。1981は前中4枚折戸・黒枠逆T字
型窓のエアロスターツーステップバ
ス。名鉄から移籍した。他は前中4枚
折戸・銀枠逆T字型窓のエアロスター
ツーステップバス。名古屋市から移籍
し、一般路線用の426・2656・3050は
側面表示器が前扉隣、基幹バス用の
306・3047・2654は中扉隣にある。

●KL-MP33JM　　　　　　　（143）
　機関6M70、軸距5300mmの中尺大型
車。前中引戸・黒枠逆T字型窓のエア
ロスターワンステップバス。京成から
移籍した。

●KL-MP35JM　　　　　（144〜146）
　機関6M70、軸距5300mmの中尺大型
車。467・738・2820は前中4枚折戸・
銀枠逆T字型窓のエアロスターワンス
テップバス。名鉄から移籍した。その
他は前中引戸・銀枠逆T字型窓のエア
ロスターワンステップバス。2495は神
奈中、他は名鉄から移籍した。

●KL-MP37JM　　　　　　　（147）
　機関6M70、軸距5300mmの中尺大型
車。前中引戸・銀枠逆T字型窓のエア

ロスターノンステップバス。名鉄から移籍した。

● **PJ-MP35JM** (148・149)

機関6M70、軸距5300mmの中尺大型車。前中引戸・銀枠逆T字型窓のエアロスターワンステップバス。807・892は名鉄から移籍した。

● **PKG-MP35UM** (150)

機関MD92、軸距5300mmの中尺大型車。前中引戸・銀枠逆T字型窓のエアロスターワンステップバである。

● **LKG-MP35FM** (151)

機関6M60、軸距5300mm、AT仕様の中尺大型車。前中引戸・黒枠逆T字型窓のエアロスターワンステップバスである。

● **QKG-MP35FM** (152)

機関6M60、軸距5300mm、AT仕様の中尺大型車。前中引戸・黒枠逆T字型窓のエアロスターワンステップバスである。

● **QKG-MP37FM** (153)

機関6M60、軸距5300mm、AT仕様の中尺大型車。前中引戸・黒枠逆T字型窓のエアロスターノンステップバスである。

● **QKG-MP38FK** (1)

機関6M60、軸距4995mm、AT仕様の短尺大型車。前中引戸・黒枠逆T字型窓のエアロスターノンステップバスである。

● **KL-MS86MS** (154)

機関8M21、軸距6500mmの大型車。折戸・T字型窓のエアロバススタンダードデッカー。名鉄から移籍した55人乗りの高速車である。

● **KL-MS86MP** (155・156)

機関8M21、軸距6150mmの大型車。2534は折戸・T字型窓のエアロバス。名鉄から移籍した53人乗りの高速車で

ある。2780はスイングドア・T字型窓のエアロバス。名鉄から移籍した55人乗りの貸切車転用高速車である。

● **BKG-MS96JP** (157・158)

機関6M70、軸距6000mmの大型車。スイングドア・T字型窓のエアロエースで、2865・1654・1701・2113・2827はサブエンジン式冷房、1696・1773・1774は直結式冷房。2865は55人乗りの貸切車、1696は55人乗り、他は58人乗りの高速車であったが、1654・2827・1774は貸切車に転用されている。

● **LKG-MS96VP** (159)

機関6R10、軸距6095mmの大型車。スイングドア・T字型窓のエアロエース。1835・1836は53人乗り、他は56人乗りの高速車である。

● **QRG-MS96VP** (160・161)

機関6R10、軸距6095mmの大型車。スイングドア・T字型窓のエアロエース。439・2306・2379・2380は55人乗り、3100は53人乗り、他は後部トイレつき41人乗りの高速車であったが、439・905は貸切車に転用されている。

● **QTG-MS96VP** (162)

機関6R10、軸距6095mmの大型車。スイングドア・T字型窓のエアロエース。3809は51人乗りの貸切車、2547は55人乗り、他は後部トイレつき41人乗りの高速車であったが、904は貸切車に転用されている。

● **2TG-MS06GP** (7 ・163・164)

機関6S10、軸距6000mm、AMT仕様の大型車。スイングドア・T字型窓のエアロエース。白色LEDを採用。3810・3811は60人乗りの貸切車、2818・2819・8007・8008は58人乗り、787・3064〜3066は55人乗り、2973・3078・3102〜3104は59人乗りの高速車で、19年式からフロントグリルが変更された。

宮城交通のあゆみ

text■鈴木文彦　　photo■宮城交通・鈴木文彦・編集部

　宮城交通は子会社のミヤコーバスとともに、宮城県全域をエリアに乗合バス・貸切バス事業を展開する名鉄グループの事業者である。本社は仙台市泉区に置かれ、宮城交通本体が仙台、富谷、仙台北、泉、仙台南、山形の6営業所と泉営業所野村車庫、ミヤコーバスが築館、古川、吉岡、塩釜、気仙沼、佐沼、石巻、名取、白石、村田、津谷の11営業所を持つ。宮城交通は乗合バス276台、貸切バス44台を擁し、乗合バス免許キロ6,753.4km、社員数718人、ミヤコーバスは乗合バス187台、貸切バス76台を擁し、乗合バス免許キロ1,426.8km、社員数271人の事業者である。高速バスは仙台から名古屋、京都・大阪への夜行2路線、石巻・仙台から新宿・渋谷への昼夜行1路線、青森、弘前、秋田、盛岡、宮古、釜石、大船渡、酒田・本荘、山形、上山、福島、郡山への県外昼行12路線を宮城交通が、気仙沼、石巻、鳴子、登米、古川、加美、大衡、蔵王への県内8路線をミヤコーバスが運行している。

戦前

■鉄軌道からバスへ

　宮城交通のルーツをたどると、いくつかの鉄軌道に行き着く。軌道事業は1914（大正3）年に秋保石材軌道（長町〜湯元）が開業したのち、1918（大正7）年までに牡鹿軌道（石巻〜渡波／馬車軌道）、仙南軌道（永野〜遠刈田）、城南軌道（大河原〜永野）が開業、仙南軌道と城南軌道は1920（大正9）年に合併して仙南温泉軌道を設立した。牡鹿軌道は1924（大正13）年に金華山軌道と合併、軌道を女川まで延長して1926（大正15）年に内燃化した。秋保石材軌道は1925（大正14）年に電化するとともに改軌し、秋保電気軌道と改称した。

　地方鉄道としては、1921（大正10）年に栗原軌道（石越〜岩ヶ崎）と仙北鉄道（築館〜瀬峰〜登米）が開業、1922（大正11）年に仙台軌道（通町〜西四竃・加

花泉駅前で発車を待つ都筑自動車の乗合バス

合併で1925年に発足した三陸自動車の乗合バス

美中新田）間が開業した。仙台軌道は1927（昭和2）年に仙台鉄道と改称した。
これらがのちに戦時統合の主体となり、宮城交通の前身のまた前身を形成する。
　宮城県のバス事業は1918年の気仙沼新興会、白石自動車を最初に、大正中期か
ら発展する。1923（大正12）年までに沼崎自動車部、栗原自動車、都築自動車、
安部亀治、早坂金造、気仙沼乗合自動車などが開業、鉄軌道が行き渡らない地域
からバス事業が始まった。1919（大正8）年にはのちに仙台市営バスとなる仙台
市街乗合自動車も開業した。1925年に気仙沼新興会と気仙沼乗合自動車は合併し
て三陸自動車を、白石自動車と沼崎自動車部は合併して刈田自動車を設立した。
　バス事業が急速に拡大するのは昭和初期のことで、1930（昭和5）～1937（昭
和12）年に仙北地区で渋谷長治、登米合同運送、登米涌谷間乗合自動車、千葉自
動車、大宮司自動車、高田自動車、田尻乗合自動車が、沿岸部では牡鹿自動車、
飯野川貸切、志津川自動車、桜井きく、山本英雄、高橋文吉、野田譲、清水商
会、古川孫右ェ門、大津清三郎、気仙沼貸切が、仙南地区では仙南自動車、赤井
田自動車、福岡村営自動車が開業している。
　鉄軌道会社は沿線に台頭するバス事業に危機感を募らせ、企業防衛のためバス
事業に進出していく。仙北鉄道は1927年に米谷～津谷間で鉄道培養路線を開業し
たのを手始めに、登米・栗原両郡で路線を拡大した。仙台鉄道は1928（昭和3）
年に大衡～三本木間を開業し、のちに鉄道と並行する仙台～中新田間や吉岡～塩
釜間などに拡大した。栗原軌道も1928年に軌道保護のため沿線でバス事業を兼
営、秋保電気軌道は1929（昭和4）年に長町～秋保温泉間でバス営業を開始し
た。仙南温泉軌道は1931（昭和6）年に大河原自動車を買収してバス事業に進出
し、1934（昭和9）年に島津自動車を買収して路線を拡張したが、まもなく軌道
事業の経営が悪化、仙南温泉軌道は1937年に軌道を全廃し、仙南温泉自動車と商
号を改めた。また金華山軌道も1937年に軌道を休止、金華山自動車となった。

■進む企業合併と戦時統合への動き

　こうして多数のバス事業者が開業したが、弱小企業だけに競合に疲弊し、1933
（昭和8）年の自動車交通事業法の流れもあって事業譲渡・合併の動きが強まっ
た。比較的大きな動きは三陸自動車で、まず都築自動車が1933～1937年に登米涌
谷間乗合自動車、登米合同運送、牡鹿自動車、飯野川貸切、志津川自動車、安部

都筑自動車が1937年に新規購入した車両たち　のちに仙北鉄道の傘下に入る塩釜交通のバス

亀治、高田自動車を合併し、1939（昭和14）年に三陸自動車に合併された。三陸自動車はその後、1939〜1942（昭和17）年の間に桜井きくなど1937年前後に沿岸で開業した8社を買収し、三陸沿岸と登米郡をカバーする広域事業者になった。また仙南温泉自動車は1939〜1941（昭和16）年に仙南自動車と赤井田自動車を、刈田自動車は福岡村営自動車を買収した。こうした動きのなか、1940年代に入ってからも仙北地区では千田自動車、中村商会、赤湯自動車、鬼首乗合自動車、加藤富穂、桜田自動車、福山福一が開業し、山間部へバス網を拡大している。

　次第に戦時体制が強化されるなかで、陸上交通事業調整法にもとづく私鉄部門の統合について、宮城県内に関しては1942年の通牒により、4ブロックに分けて統合するように指針が示され、それに合わせて企業統合が進められた。北上地方（三陸沿岸と登米・栗原郡）は仙北鉄道が統合主体となり、1944（昭和19）年にすでに沿岸地区を統合していた三陸自動車を合併、1945（昭和20）年に金華山自動車、千葉自動車、松山自動車の一部、大宮司自動車、千田自動車を合併し、統合を完了した。古川地方は中村商会、赤湯自動車、早坂金造、田尻乗合自動車、鬼首乗合自動車、加藤富穂、桜田自動車、福山福一、渋谷長治と栗原鉄道のバス部門が栗原自動車に合併され、1945年に陸前乗合自動車が設立された。仙南地方は1943（昭和18）年に仙南温泉自動車と刈田自動車が合併して仙南交通自動車を設立、これにまもなく昭和自動車商会も統合されている。

　鉄軌道事業者であった仙台鉄道と栗原鉄道（1941年に栗原軌道から改称）、秋保電気鉄道（1944年に秋保電気軌道から改称）は統合から除外され、独立した企業のままで終戦を迎えた。もっとも秋保電気鉄道は戦時体制下の物資統制のなかで、1941年にはバス事業を休止している。また仙台地区の統合主体は市電を経営していた仙台市となり、1943年までに仙台市が仙台市街自動車など6社を買収し、市営バスとした。

戦後

■戦後の復興とバス事業の拡大

　終戦直後、仙北鉄道、陸前乗合自動車、仙台鉄道、秋保電気鉄道、仙南交通自

瀬峰駅のホームに発着する仙北鉄道の代行バス　　松島海岸五大堂の前を走る宮城バスの貸切バス

動車に集約されていた県内のバス事業は、懸命に復興を試みるが、休止路線がようやく戦前の状態に戻るのは1949（昭和24）年ごろのことであった。この間、古川・築館地区、角田地区などに国鉄バスが進出している。

　仙北地域では、1947（昭和22）年ごろに石巻〜気仙沼間の三陸沿岸ルートや松島〜吉岡間、古川〜築館間などで、国鉄と仙北鉄道、陸前乗合自動車との間で紛争が絶えなかった。また仙北鉄道、仙台鉄道、陸前乗合自動車の3社間でも、松島・築館・鳴子周辺における競合が激化、最終的には相互乗り入れや片乗り入れの運輸協定が1950年代に成立し、一部仙北鉄道から仙台鉄道への路線譲渡・貸与も行われた。仙北鉄道は幹線ルートの開発に取り組み、気仙沼から沿岸ルートで仙台へ乗り入れたのち、沿線主要地区から仙台への急行便を次々と新設した。こうした拡大とともに、従来の石巻、気仙沼、佐沼などに加えて、仙台、涌谷、松島、築館の各営業所を新設している。

　仙南地域では、秋保電気鉄道が1949年に長町〜鈎取間でバス営業を再開、その後7年ほどの間に仙台駅前から秋保温泉、西の平、太子堂などへの近郊路線を開拓した。仙南交通自動車は戦前の路線を復活するとともに、1950（昭和25）年には仙台市営から岩沼以南の槻木、亘理、坂元への路線を譲受、1951（昭和26）年には荒浜、角田、白石から仙台までの急行便を新設して仙台市内へ乗り入れた。さらに1952（昭和27）〜1953（昭和28）には山形交通との相互乗り入れで白石〜上山間を、福島電鉄との相互乗り入れで坂元〜中村間、丸森〜梁川間を開業したほか、蔵王登山者の利便を図って仙台駅前〜青根間に夜間急行バスを設定した。1952年前後には各社とも一般貸切バス事業を開業している。

■第1期統合再編と鉄軌道の廃止

　1950年代は宮城のバスにとって激動の時代であった。陸前乗合自動車は、古川〜仙台間急行便や古川〜鳴子間など幹線ルートの拡大を図ったが、同社では経営陣の相克もあり、もとの被統合事業者3社の経営者が分離して1950年に古川交通を設立、古川〜松山間などを陸前乗合自動車から譲受した。また戦前に仙台市街自動車に買収されて解散した菖蒲田自動車の経営者らが、1948（昭和23）年に塩釜交通を設立、菖蒲田、深沼、利府の3路線を仙台市から譲受して営業開始し、のちに塩釜市内線、花渕線、仙塩急行線と拡充した。

丸森にいた宮城中央バスカラーのいすゞBU05P　佐沼営業所を出る宮城バスカラーの日野RB10

　1947〜1949年の間、宮城県内は毎年大型台風に襲われ、鉄軌道は未曾有の被害を被った。これらによって、仙北鉄道と仙台鉄道は壊滅的な打撃を受け、仙北鉄道は1950年３月に瀬峰〜築館間を廃止してバス輸送に切り替えた。仙台鉄道も被害を受けた鉄道の修復は困難としてバスへの転換を決意、1951年に仙台〜加美中新田間を休止したのち1955（昭和30）年に正式に廃止、残った加美中新田〜西古川間も1959（昭和34）年に廃止している。

　1950年代の終わりから1960年代にかけて、バス黄金時代ではあったが、事業者数が多く、需要が仙台市周辺に一極集中する宮城県内は、各社が厳しい競合のもとにさらされ、仙台進出の免許争奪戦も激しかった。やがてそうした競合がマイナスとなって経営を圧迫したところへマイカーの普及が始まり、各社の経営は次第に逼迫の度を高めていくこととなった。

　こうしたなかで、陸前乗合自動車が極度の経営悪化に陥り、1958（昭和33）年に栗原電鉄（電化・改軌により1955年に栗原鉄道から改称）の資本参加を受け、再建を図った。この結果、同一資本系列となったため、1964（昭和39）年５月に両社は合併し、宮城中央交通が成立した。しかし1968（昭和43）年には再び栗原電鉄が分離し、バス事業は宮城中央バスへと変わっている。

　塩釜交通は仙塩急行線の開業以来順調な業績を上げていたが、個人企業的色彩が強かったことから拡大とともに企業体質が弱体化し、1959年に仙北鉄道の傘下に入った。古川交通もコストがかさんで赤字体質となり、賃金の不払いなどから1958年に大規模な労働争議に発展、経営再建のため1959年に仙北鉄道が経営に参加した。バス専業となった仙台鉄道も、主要エリアであった仙台市北郊の路線が各社に蚕食され、国道４号ルートが国鉄バスと競合するなかで経営が悪化し、1960（昭和35）年に仙北鉄道と提携することとなった。これら３社がいずれも仙北鉄道の傘下となったことから、仙北鉄道は県北一元化の第一歩として1962（昭和37）年に仙台鉄道・塩釜交通・古川交通を対等合併させ、（旧）宮城バスが成立した。仙北鉄道自身は比較的経営内容も良く、規模も大きかったことから、まず傘下の経営状況の良くない３社を合併し、一定期間をおいて新会社の経営が軌道に乗ったところで仙北鉄道と大同合併するという二段構えの構想にもとづき、1964年４月に仙北鉄道が（旧）宮城バスを合併、時すでに鉄道のシェアが縮小し経営が悪化していたことから、いずれ鉄道の廃止を予見して社名を「宮城バス」

広瀬通を走行する仙南交通カラーの日デ4R94　　白地に赤い曲線の宮城交通カラーの三菱B800J

とした。そして1968年３月に瀬峰〜登米間の鉄道が廃止され、線路跡は宮城バス専用道路となって、最後をバス会社の社名で走った鉄道は姿を消した。

　　仙南地域では、やはり競合の不合理を排するべく、1959年に仙南交通自動車と秋保電気鉄道が合併し、新たに仙南交通を成立させた。仙南交通も、鉄道事業がすでに状況悪化していたことから２年後の1961（昭和36）年には長町〜秋保温泉間の鉄道を廃止し、バスに一本化している。こうして宮城県内のバス事業は仙台市交通局を除くと宮城バス、宮城中央バス、仙南交通の３社に統合された。

■厳しい環境下での宮城交通の成立

　　３社に集約されたものの各社の経営は好転せず、統合時には黒字体質であった宮城バスさえむしろ悪化していった。これは郡部の過疎化による需要の減少、マイカーの普及、最大の需要源である仙台都市圏での走行環境の悪化と仙台市交通局との競合などが、複合的に影響したと見ることができる。また収入が伸び悩んでいた半面、人件費の高騰が著しく、状況は厳しさを増していった。

　　３社の協定による相互乗り入れの拡充や急行バスのスピードアップ、バスなし地区への新規乗り入れなど増収への努力がなされる一方、効率化も実施され、1966（昭和41）年ごろからワンマン化への取り組みも始まったが、抜本的な対策とはならず、各社の行く末は楽観できない情勢となってきた。こうした状況はすでに単独の企業では解決が難しく、地域のバス路線を確保するためには、３社が競合を続けて無益な消耗を続けるべきではないという考え方が強まっていった。大同団結の気運が高まるなかで、宮城県も県民の足の確保という見地から調整役となって合併が推進された結果、1970（昭和45）年10月１日、宮城バスと仙南交通が宮城中央バスに合併する形をとって「宮城交通」が成立したのである。

　　合併によって全県１社の形態となった宮城交通は、一致団結して経営改善に取り組むはずであった。しかし実態はその後も "いばらの道" が続くことになる。とくに３社の要員をそのまま抱えてのスタートであったことから、間接部門を中心に合理化の遅れがめだち、人件費率は全国的にも最高レベルの90％を超えた状況であった。その一方で、仙台都市圏の交通事情は悪化し、定時性が確保できずに利用者が逸走し、宮城交通発足時には年間約8,000万人あった利用者は、1975（昭和50）年ごろには7,000万人あまりに減少、合理化の切り札であったワンマ

貸切バスに中引戸を増設したワンマン改造車 | 中型バスで運行された亘理地区のデマンドバス

ン化も遅々として進まず、全国レベルに遠く及ばない40％台にすぎなかった。

　宮城交通発足翌年の1971（昭和46）年に白地に赤の大胆な曲線を組み合わせたオリジナルカラーが採用された。新車のほか合併各社からの移籍車両の塗り替えも行われるが、1979（昭和54）年ごろまで旧社のカラーが残っている。

■どん底状態を経て名鉄系となり再建

　宮城交通の経営が極度に悪化したのは、1970年代半ばのことである。再建の厳しさを憂慮した宮城県は、経営を県外資本に委ねることを検討、地方バス事業の再建手腕に定評のある名古屋鉄道に着目し、県の斡旋で1975年に名鉄が経営に参加、役員を送り込んだ。本社を北仙台に移転するとともに24営業所5工場体制を確立、各社がそれぞれ持っていた仙台市内のターミナルを統合した。その後、数年の間に宮交サービス、宮交広瀬パーキング、宮城交通トラベル、ターミナルショップ宮交、宮交開発といった関連事業を展開、転籍も進めた。1977（昭和52）年には社長が県出身の大泉氏に交替、県－名鉄体制の経営となった。

　バス事業そのものも、仙台都市圏では積極的にベッドタウンへ乗り入れ、早朝深夜ビジネスバスを仙台市北部・泉市の団地向けに運行、郡部ではフリーバスを採用して利便性を向上させ、亘理地区では全国的にも数少ないデマンドバスを導入した。また中型バスの投入などによりワンマン化を進行させた。しかし合理化の遅れは経営悪化に拍車をかけ、ついに1979年にはボーナスの原資が確保できずに遅配となり、それに端を発して合理化をめぐる同年の春闘以来悪化していた労使関係は泥沼状態となった。同年6月に名鉄の堀氏が社長に就任し、経営陣は完全に名鉄系となった。これによって体質強化が図られ、再建に本腰が入れられることとなったが、当初は夏期ボーナスおよび合理化問題で労使紛争が続き、ようやく1980（昭和55）年3月に県と労使の3者協議のなかで解決が図られた。

　以後、他社並みの合理化が進められることとなり、それまで70％程度であったワンマン化が急速に進み、1982（昭和57）年に100％となった。これに伴う車両の手当ては、サービス改善のための車両更新で余剰となる旧年式の貸切バスが活用され、貸切バスの中引戸増設改造が大量に実施されて、一時期の宮城交通の特色となった。また北陸鉄道などの名鉄系からの中古車も導入された。1981（昭和56）年に初めて乗合冷房車が投入され、貸切バスでは前年から登場していた赤と

裾に帯が入る名鉄カラーをまとういすゞCJM520

1981年に専用車両で運行を開始した仙台空港線

白の名鉄カラーが、乗合バスにも採用された（当初は現行デザインより裾の赤帯が1本多い）。以後、約10年の間に名鉄色に統一されていく。

■新たなスタイルで県内のバス交通をカバー

　労使紛争のさなかにもう1つの問題となって立ちふさがったのは、仙台市の地下鉄建設計画に伴う補償問題で、1979年に話し合いが難航、ようやく1980年1月に協定が結ばれた。地下鉄は1987（昭和62）年に富沢〜八乙女（やおとめ）間が開業し、このとき地下鉄結節型の路線に改められるとともに、乗り継ぎ運賃が採用され、泉パークタウン・加茂団地・閑上の3路線が仙台市交通局から移管されている。1992（平成4）年には泉中央まで延伸、泉中央駅は泉区のバスのハブ拠点となった。

　仙台都市圏は、仙台市の合併による政令指定都市化（1988（昭和63）年）を挟んで発展が続き、とくに宮城交通の単独エリアである泉区や太白（たいはく）区、利府・多賀城方面、名取市の伸びが著しく、汐見台、虹の丘団地、しらかし台、ライフタウン名取などベッドタウン輸送が拡大したほか、運転免許センターや東北学院大学泉キャンパス、尚絅（しょうけい）大学などの移転新設に対応した乗り入れを行っている。また仙台市交通局の合理化による塩釜・岩沼方面の撤退のあとを受けてエリア拡大がなされた。一方で、不採算路線の縮小均衡を並行して行っている。

　1981年には専用車両による仙台空港線を新設、1983（昭和58）年には仙台から村田、秋保温泉へ特急バスを運行し、その後1980年代後半には築館、石巻、気仙沼への特急バスを追加している。1977年に仙台と鳴子を結ぶ定期観光バス「こけし号」を運行開始したのち、定期観光バスの拡充にも力が入れられ、とくに東北新幹線が開業した1982年以降、仙台・松島地区、宮城蔵王、牡鹿、栗駒などへコースが新設されている。これらに合わせ、より効率的な輸送を行うべく、仙台南営業所を1981年に仙台営業所として移転新設、泉・吉岡両営業所を統合して1993（平成5）年に富谷営業所を新設、岩沼営業所も1997（平成9）年に名取営業所へ移転新設されている。車両の体質改善を進めるため、1993年以降の大型新車はエアサスに変更、1990〜2000年代には名鉄や名古屋市交通局、首都圏各社を中心に状態の良い中古車を積極的に導入している。

　1994（平成6）年には磁気式プリペイドカードを導入、宮城交通のバスカードは「メルシーカード」と名づけられ、仙台市交通局の「スキップカード」「スキ

貸切車に導入された３軸スーパーハイデッカー

石巻の貸切代替バスを運行した宮交石巻バス

ップジョイカード」との相互共通化が図られた。

■分社化による体質改善

　貸切バスは独立採算意識を高める目的をもって、1983年に宮城交通観光バスを設立して分離した。当初一般の観光貸切バスは大部分が宮城交通観光バスに移管されたが、1985（昭和60）には適正規模に再編して新たな宮城交通観光バスとしてスタートし、1987年までに契約貸切と郡部の貸切バスの一部を本体に戻している。一方、1987年の東北自動車道の全通など、高速時代に対応して車両のサービス改善が進められ、トイレつき３軸スーパーハイデッカーなども導入された。

　仙台都市圏以外では利用者減少が続いており、1984（昭和59）年の第１次路線再編を皮切りに仙南および仙北で大幅な路線カットが実施され、仙台都市圏の末端にあたる塩釜・岩沼地区などでもダイヤのスリム化などが行われた。しかし残る不採算路線を維持するには、より低コストで地域に密着した運営に移行する必要があった。このため貸切代替バスを効率的に運営すべく、分社化が進められることになった。1992年に栗駒管内を宮交栗原バスとして分社したのを皮切りに、1998（平成10）年までに宮交登米バス、宮交大崎バス、宮交気仙沼バス、宮交石巻バス、宮交仙南バス、宮交バスシステムの６社が発足した。これらは貸切代替バスでスタートしたが、2003（平成15）年には仙台都市圏以外の本体直営路線を各社に移管することとなり、築館、古川、気仙沼、佐沼、石巻、白石、表蔵王の乗合路線が当該地域の分社会社に移譲され、各社は乗合事業者となった。

■高速バスの時代

　東北自動車道の開通を受けて、宮城交通では1989（平成元）年から仙台に発着する高速バス事業に取り組んだ。同年３月の仙台〜成田空港線を皮切りに、1992年までに大阪、名古屋、金沢、八王子への夜行高速バス４路線と弘前、青森、八戸、盛岡、宮古、秋田、酒田、米沢の東北内昼行８路線を開発した。また、1981年に笹谷トンネルの開通を受けて開業した山形線は、1991（平成３）年に山形自動車道がつながったことにより高速バスとし、両都市間を１時間05分で結んだことで大幅に利用が増え、増便を重ねることとなった。1999（平成11）年以降も福島、郡山、大船渡、本荘、釜石への都市間と、泉中央と福島からの仙台空港アク

高速経由に変更された仙台〜気仙沼間特急バス

1992年に開業した仙台〜金沢間の夜行高速バス

セスなどの昼行高速バス、高崎、さいたま、新宿、長野・松本、富山への夜行高速バスを開発し続けた。県内の特急バスは三陸道の開通により1998年に石巻線を高速バス化したほか、気仙沼、栗駒、村田、加美、大衡、古川、蔵王などを県内高速バスとして運行した。

　1990（平成２）年には広瀬パーキングの一部に高速バス総合案内所が落成し、高速バスの拠点として発展、2009（平成21）年にリニューアルされて宮交仙台高速バスセンターとなった。高速バスは八王子、宮古など比較的短期で廃止された路線があった半面、延伸、途中停車地の追加などによって需要を拡大した路線もあり、京都・大阪線には2004（平成16）年から２階建てバスが投入されている。

近年

■仙台都市圏の増強と郡部の再編

　2000（平成12）年にはバス事業を「新宮交バス」として分離し、改めて「宮城交通」と改称、同時に宮城交通は宮交開発と合併して持ち株会社「ミヤコー」となり、新たなミヤコーグループがスタートした。2001（平成13）年には宮城交通観光バスと宮城交通トラベルが統合されて宮交観光サービスとなり、貸切バスの運行と管理は宮城交通に戻された。2003年に本社を現在地の泉ヶ丘に移転、2007（平成19）年には宮城交通とミヤコーが合併し、再び宮城交通となっている。

　2000年代に入ると、輸送人員自体は大きく減少していたものの、仙台都市圏では一定の需要があることから、地下鉄泉中央駅から新興団地へのフィーダー路線の開発や新設道路・トンネルを活用した通勤時間帯の快速運転、幹線路線での等時隔ダイヤの採用、深夜バスの増便と団地内フリー降車制、バス停の改善などが進められた。2000年には長町地区の100円循環バス「ながまちくん」を運行、仙台市のオムニバスタウン指定もあり、2002（平成14）年には仙台都心部での100円均一エリア「100円パッ区」の採用などが行われた。

　こうした増強策のなかで、2002年に仙台市交通局からの路線移譲と合わせて泉パークタウン内に泉営業所を新設した。2003年には仙台南営業所を名取市熊野堂に新設し、2006（平成18）年には仙台北営業所を新設したほか、泉中央・利府車

仙台市交通局から管理を受託した霞の目営業所　東日本大震災の津波で全壊した気仙沼営業所

庫を統合して泉営業所野村車庫を新設した。

　仙台市交通局との「バス路線の効率的運行に関する協定」にもとづき、2004年以降、宮城学院線、尚絅学院大線などが市営バスから移管された。また仙台市交通局が管理の受委託を進めるなか、2008（平成20）年には同局岡田車庫の管理を受託した。その後、2010（平成22）年に新寺車庫、2011（平成13）年に東仙台営業所、2013（平成25）年に霞の目営業所の受託を開始した。

　一方、2005（平成17）年度に仙塩線など13系統を廃止するとともにグループ全体で114系統の廃止を申し出、関係自治体との調整ののち2006年に46系統を廃止、22系統を分社会社で受ける代替バス化した。これらの規模縮小により、分社会社の効率的運営を図るため、宮交栗原バス、宮交登米バス、宮交大崎バス、宮交石巻バス、宮交仙南バス、宮交バスシステムの全事業を宮交気仙沼バスが引き継いだ形で、2007年1月にミヤコーバスがスタートし、仙台都市圏は宮城交通、それ以外の県内はミヤコーバスという分担が成立した。同年中に宮城交通名取営業所と塩釜営業所はミヤコーバスに移譲、県内高速バスもミヤコーバスの運行に変わった。また村田駐在と名取駐在を開設し、ミヤコーバスへ管理委託した。

■東日本大震災を乗り越えて

　2011年3月11日に東日本大震災が発生、宮城県は津波を受けた沿岸部を中心に甚大な被害を被った。宮交グループでも気仙沼営業所が津波と火災で全壊、岡田受託営業所が流失、石巻営業所の1階が水没した。車庫に留置中または運行中のバス31台が流失または全損したが、石巻、岡田では現場の機転でバスを避難させ、被害を最小限にとどめた。幸いグループ社員1,430人は全員無事であった。事務所が損壊した古川営業所では被災後バス1台を事務所代わりに業務を行ったほか、流失した気仙沼営業所は気仙沼市の協力により当初美術館駐車場で仮営業し、その後別の仮設営業所を経て2017（平成29）年にもとの場所に再建された。

　地域の被害は大きかったが、宮城交通では当日夜から帰宅困難者救済臨時バスを運行、路線バスは翌日から6割程度の便数で再開し、高速山形線と県内高速バスも一般道経由で再開した。宮交グループでは、直後の数日はまず「命を救う輸送」、次の1週間程度を「当座の生活を確保する輸送」、そして次に「被災地と仙台を結ぶ救援・復興の輸送」と段階を踏んで取り組んだ。それらの優先と震災直

志津川の被災地を走る東濃鉄道からの譲渡車

東塩釜駅前で客扱いを行うJR仙石線代行バス

後の燃料不足もあり、しばらくの間は山形線などを除く県外への高速バスは運休となるが、復旧・復興が進み始めると、高速バスは広域避難や帰還、家族・知人などの安否確認やサポート、ボランティアの往来などに大きな役割を果たした。

　宮城県内は、仙台市営地下鉄の地下部分は比較的早く運転を再開したが、JR在来線は長期間の不通を余儀なくされた。このため仙台都市圏ではそのままバス代行を行うと、輸送力の差から混乱が起きるため代行という設定はせず、地域の要請や委託により鉄道並行区間の臨時バスが設定された。宮交グループも仙台（のちに鉄道の再開によって起点を変更）から大河原、白石、山元、塩釜、利府、鹿島台、松山町などへの臨時バスを運行したほか、ほとんど流失した気仙沼線の代行を果たすため、すでに路線を撤退していた南三陸町と気仙沼市を結ぶ臨時バスを設定した。また常磐線や阿武隈急行の救済に向け、仙台と相馬、梁川を結ぶ高速バスを新設した。ある程度大需要区間の鉄道復旧が進んだところで、JRによる代行バスがいくつかの線区で設定され、比較的大がかりな輸送となる仙石線代行バスは、宮城交通が幹事会社となって実施された。緊急輸送が一段落した段階からは、仙台市営地下鉄の台原以北の代行バスや仙台空港連絡鉄道の不通に伴う仙台空港〜仙台駅間直行バスなどにも参加している。

　このほか、地域とのタイアップによる市内循環路線や通学バス、仮設住宅の足を担う買いもの・通院バスなどが運行されたが、貸切バス事業者が比較的多い宮城県内にあって、宮城交通グループは不特定多数の乗合形態に近い輸送を担い、契約輸送的なものは貸切バス事業者に任せるといった役割分担も考慮された。

　流失による車両不足には全国のバス業界や行政の支援車両が寄せられ、名鉄グループの名鉄バス、岐阜乗合自動車、北陸鉄道、濃飛乗合自動車、北恵那交通、東濃鉄道などのほか、尼崎市、明石市、東京都、京王バス、神姫バスなどから無償譲渡車が集まり、一部はしばらくそのままのカラーで運行された。

　2012（平成24）年８月にはJR気仙沼線がBRTとして再出発するにあたり、JR東日本からの要請により、ミヤコーバスが同線の受託運行事業者となった。BRT車両18台を預かり、津谷営業所を置いて管理することとなった。同年12月には本格運行となり、その後専用道区間が延びていった。車両はハイブリッドノンステップバスで統一され、2022（令和４）年には自動運転の実験にも活用されている。
〔詳細な状況・推移は拙著『東日本大震災と公共交通』参照〕

仙台駅前に停車中のトヨタ燃料電池バスSORA

専用車で運行する「うみの杜水族館」シャトル

■人員不足などの環境変化に対応した施策

　震災後の最大の課題は乗務員不足であった。全国的な傾向とはいえ、被災地ではとくに厳しい状況が見られた。高速バスは決して採算性が悪い路線ばかりではなかったが、震災に加え乗務員不足もあって、釜石、八戸、金沢、高崎、さいたま、長野・松本、成田空港・TDRなどから撤退または休止、格段に需要の高い山形、石巻などに力を集中する半面、地域活性化の目的をもって仙台〜気仙沼〜宮古間の新設など新たな傾向も見られる。限られた資源の有効活用をめざす一方、女性限定の運転体験会が効果を生むなど、新たな取り組みの成果が見られる。

　仙台都市圏は需要そのものが多く、将来的にも期待が持てることから、需要動向をにらんだ改善や路線新設が行われた。2015（平成27）年の仙台市地下鉄東西線の開業に合わせ、太白区方面は動物公園前駅をハブとする形を強化し、荒井駅と多賀城を結ぶ路線を新設した。2015年末には宮城交通全車とミヤコーバスの吉岡・塩釜管内に仙台市交通局と共通のICカード「icsca」が導入され、2016（平成28）年には全国共通ICカードの共通使用（片乗り入れ）を開始、その後、県内高速バスやミヤコーバス石巻管内に拡大した。2021（令和3）年に富谷営業所へ燃料電池（FC）バスを導入、2022年には中野栄駅〜仙台うみの杜水族館シャトル、仙台市都心循環「まちのり『チョコット』withラプラス」を新設している。

　地方バスの厳しさを物語るように、仙台都市圏以外ではかつての路線網の原形をとどめないほどに空洞化してしまったが、近年は自治体とのタイアップによる新たな路線も拡充しつつあり、白石市、大崎市、多賀城市、塩釜市などの市民バス・コミュニティバスなど、新しい息吹が見られる。

　近年は経営的にも安定感が見られ、車両の更新、安全・サービス教育への投資などにもたゆみない努力が続けられている。将来的にも期待できる仙台都市圏への注力をベースに、仙台市や各地の行政との連携により、グループ全体で新時代の宮城のバスを築いていく姿に期待したい。

参考＝『宮城交通50周年社史』および合併前の各社社史、『バス事業五十年史』、『東日本大震災と公共交通』、河北新報記事ほか

すずき・ふみひこ◎1956年、甲府市生まれ。東北大学理学部地学科卒業、東京学芸大学大学院修士課程（地理学）修了。以後、交通ジャーナリストとして活躍し、バス・鉄道に関する著書・論文など多数。

宮交バスのいる風景

text&photo ■ 編集部

新富谷（しんとみや）ガーデンシティを走る燃料電池バス。市営地下鉄の延伸とともに開発された住宅地だ

明治時代には島崎藤村も教鞭をとった東北学院大学。泉キャンパスの学生の足を担うのは、宮交バスである

1977年に現在の駅舎が竣工した仙台駅。一般路線バスは西口駅前、高速バスは広瀬通のバスセンターに発着

笹谷トンネルを抜け山形県に入る高速バス。仙台～山形線は乗車率が高い人気路線（写真提供：樋渡広一）

遠刈田（とおがった）温泉の「神の湯」の前を行く高速バス。遠刈田・蔵王・村田と仙台を直結する路線だ

ダム建設でできた釜房湖のほとりを走る川崎行き。この路線は宮城交通がミヤコーバスに運行委託している

東日本大震災で津波被害を受けた牡鹿半島。十八成浜（くぐなりはま）には防潮堤が築かれ景観が一変した

岩出山の中心市街地を行く大崎市民バス鳴子線。伊達家ゆかりの城下町で、電線類の地中化が図られている

鹿折（ししおり）川に沿って走る気仙沼（けせんぬま）市民バス鹿折金山線。大船渡線BRTの役割も担う

内沼を車窓に見て走る登米（とめ）市民バス新田（にった）線。内沼は伊豆沼と並ぶ白鳥の飛来地である

陸前の町と海を訪ねて

▲気仙沼大島大橋を渡る気仙沼市民バス大島線
◀（上）明治時代に建てられた旧尋常小学校の校
　　舎がそのまま残る「登米市教育資料館」
　（下）大島の最南端の龍舞崎から水平線を望む

text ■ 谷口礼子　　photo ■ 編集部

　東日本大震災で大きな被害を受けた宮城県が打ち出した観光のキャッチコピー「笑顔咲くたび伊達な旅」。今回は宮交グループのバスを乗り継いで、伊達な旅をひとつお届けしよう。宮城県は2022（令和4）年2月16日で誕生150周年を迎えた。自然災害を乗り越えて、町の姿かたちは変わっても、人と海との共存の願いは変わらず続いていく。陸前の今を感じる旅へいざ！

たにぐち・れいこ◎1983年、横浜市生まれ。早稲田大学文学部卒業。俳優・ライターとして活動。映画『電車を止めるな！』に出演。

プロローグ

高速バス 佐沼線	仙台駅前10：10
	登米市役所前11：46

紅葉の東北道を経由し仙台牛を味わう

　広瀬通の銀杏並木が黄金色に色づいている。仙台駅前31番乗り場を出発したミヤコーバスの高速バスは、白地に鮮やかな緑と黄緑色のデザインで、コートを着た冬支度の人のめだつ街に映えているだろう。この時間帯、「若柳・佐沼行き」のバスに乗客は少なかった。市内からバイパスを通りすぐに東北自動車道へ。山も赤や黄色やオレンジに美しく紅葉している。青空の下、日差しの温かな一日となりそうだ。

　予約不要の高速バスだが、乗車前に宮交高速バスセンターで2枚つづりの回数券（2,600円）を求めた。加藤編集長と2人で乗車するので、片道1,500円の運賃が割安になる。栗原市に入ったところで高速を降りると、田園地帯が広がった。若柳くりでん資料館前バス停は、2007（平成19）年に廃線となったくりはら田園鉄道の若柳駅跡にあり、車窓からも保存車両と旧駅舎を見ることができた。若柳の町に寄り、JR東北本線をくぐって迫川に出会う。これから訪れる登米市を流れる川のひとつである。水に恵まれた登米市は、米の名産地である。

　仙台駅から北へ約1時間半。終点の登米市役所は市の中心部・佐沼地区にある。高速バスを下車し、まずは昼ご飯に「割烹若鮨」を訪れた。特産品の仙台牛を使ったメニューがある店だ。「牛とろ丼」（2,600円）を選び、生ビールで小さく乾杯。豪華にいくらと金箔がトッピングされた丼がやってき

乗車路線・区間・時刻・車両

【1日目】

仙台駅前10：10
　⇩ 仙台〜佐沼線／1701（佐沼）
登米市役所前11：46
登米市役所前12：37
　⇩ 石越線／1997（佐沼）
章太郎記念館前12：50
章太郎記念館前14：01
　⇩ 石越線／1997（佐沼）
佐沼営業所14：16
佐沼営業所15：03
　⇩ 東西循環線／1997（佐沼）
登米総合支所15：56
登米三日町16：50
　⇩ 津山線／2785（佐沼）
柳津駅前17：03
柳津17：27
　⇩ 気仙沼線BRT／Y537-19505（佐沼）
大谷海岸18：48

▼ 青葉通にある仙台駅前31番乗り場から、ミヤコーバス仙台〜佐沼線に乗車。仙台宮城ICから東北道に乗り、若柳金成ICで降りる

▲ 栗原市の若柳町を経由し、仙台から約1時間半で佐沼地区にある登米市役所前に到着

▲ 市役所近くの「割烹若鮨」で昼食。寿司店ながら仙台牛の「牛とろ丼」が味わえる

▼ 登米市民バスの石越線で章太郎記念館前へ

た。今スライスされたばかりの薄切りの霜降り肉が、温かいご飯の上でとろけ始めている。柔らかく甘みのある生肉に添えられたわさびが爽やかだ。

登米

登米市 石越線	登米市役所前12：37 章太郎記念館前12：50
登米市 石越線	章太郎記念館前14：01 佐沼営業所14：16

昭和の漫画家の原点となったふるさと

　登米市役所に戻ると、赤白に塗り分けられた路線バスがやってきた。ミヤコーバスが受託している登米市民バスである。「宮城交通は名鉄グループなんですよ」と加藤編集長。赤白のバスで巡った5年前の名鉄バス取材が懐かしい。市民バスは中乗り前降りで、運賃は現金のみ一律100円。お客を5人ほど乗せながら町なかを回り、田園の道に出た。途端に空が広くなる。めざすのは旧・中田町。郷土出身の漫画家「石ノ森章太郎ふるさと記念館」である。バスを降りると、なまこ壁の門の前で『サイボーグ009』のキャラクター・島村ジョーが出迎えていた。

　石ノ森章太郎はこの記念館のある石森地区に生まれ、故郷の地名をペンネームにした。上京すると手塚治虫、藤子不二雄、赤塚不二夫など、昭和を代表する漫画家が暮らしたトキワ荘で作家活動を始め、『仮面ライダー』『がんばれ‼ロボコン』など数々の作品を生み出した。彼の漫画家としての原点は、身体の弱かった姉に、学校でのできごとを絵に描いて見せたことだったという。記念館のビデオシアターで上映されている『小川のメダカ』は、石

58

ノ森章太郎の郷土愛を描いたアニメ作品（原作・石ノ森章太郎）で、失われていく故郷の風景のなかで変わらない「風」が、彼の作品のなかに吹き続けているということに気づく名作だ。

　記念館にほど近い道沿いに建つ生家は、日用品を扱う店を営んでいたといい、今は内部が公開されている。温かい家族が暮らす家を離れ、夢を追って生きていくことを応援してくれた姉は早くに亡くなったそうで、その体験も彼の作品に影響を与えたのだろう。

　記念館前のバス停は、道の片側にしかポールが見あたらない。上りと下りの時刻表が、1つのポールに掲示されていた。これは片側ポールといい、逆向きのバスに乗りたい場合は、道を渡って反対側で待てばよい。佐沼営業所行きのバスが定時で姿を見せた。車窓にはやや空き家がめだち、家を覆うツタが紅葉しているのがもの哀しい。

▲「石ノ森章太郎ふるさと記念館」（入館料：大人500円）で『小川のメダカ』を観賞

登米市 東西線	佐沼営業所15：03
	登米総合支所15：56
登米市 津山線	登米三日町16：50
	柳津駅前17：03

廃線跡のバスに乗りみやぎの明治村へ

　佐沼営業所の待合室では地元の年配女性が方言で雑談していた。私には聞き取れなかったが、加藤編集長が「義母の方言そっくりです」と耳打ちする。加藤さんはこのあと訪れる気仙沼にゆかりがあるのだ。

　佐沼営業所は1968（昭和43）年に廃止された仙北鉄道の佐沼駅跡にある。宮城交通の前身のひとつにあたる鉄道だ。15時03分発の浅水経由登米行きに乗ると、夕日の色が濃くなってきた。バスが北上川を渡る。静かな川面に枯れ木が映り、目を上げると西日のあた

▲ 記念館のすぐ近くにある「石ノ森章太郎生家」。日用品を扱う店を営んでいたという

▼ 登米市民バスの石越線と東西循環線を仙北鉄道佐沼駅跡にある佐沼営業所で乗り継ぐ

▲ 仙北鉄道の路線に沿って走る東西循環線。途中、サイクリングロードとなった廃線跡を車窓に見ながら登米総合支所に到着した

▼ 木造校舎に再現教室などが設けられている「教育資料館」（入館料：大人400円）

る山に紅葉が美しかった。長く田んぼに伸びるバスの影を見ながら、東北の冬の厳しい寒さを想像した。

　ところで、「登米市」「登米郡」は「とめ」と読むが、地区としての「登米」（旧・登米町）は「とよま」と読まれる。これは、古くからの読みが「遠山」に由来する「とよま」だったところ、明治初頭に他地方から来た官吏が「とめ」と誤読したまま、2つの読みが混在してしまったのだという。

　登米総合支所で下車。市民バスの一律料金のため、50分以上乗っていたのに100円しか支払わないのが申し訳ない。仙北鉄道の登米駅跡はドラッグストアになっていた。すれ違うランドセルの小学生に「こんにちは」と挨拶され、はっとして挨拶を返す。コロナ禍以降さらに加速した、他人に声をかけることを躊躇する都会の風潮にすっかり流されている自分を自覚する。まもなく立派なレンガ造りの門が現れた。国指定の重要文化財「教育資料館」だ。建物の保存展示とともに、登米市の教育の歴史や、仙北鉄道の歴史を紹介する展示も充実している。

　1888（明治21）年に建てられた木造校舎の姿は、見るだけで震えるような感動を呼ぶ。素木づくりのコの字形の廊下が巡らされ、中央には洋館のように白く塗られたバルコニーが突き出している。窓ガラスは建設当時に輸入されたもので、よく見るとゆがんだり気泡が入ったりしている。今では作られることのない貴重なガラスだが、1973（昭和48）年まで現役の校舎だったのだから、大切に使われてきたことがよくわかる。教室のガラス越しに見えるのが現在の登米小学校の校舎。先ほど挨拶してくれた小学生が学ぶ校舎だ。

登米の町は明治時代の建築物が多く残り、「みやぎの明治村」と呼ばれる。夕闇迫る時間帯で次のバスまでに時間がなく、見どころを網羅できなかったのが惜しい。後ろ髪を引かれつつも、登米三日町のバス停から、ヘッドライトを光らせて走ってきた竹の沢行きに乗り込んだ。バスは高校生で席が埋まっている。コートにマフラーという冬の恰好で、耳にはイヤホン。参考書を開いたりスマホを見つめたり、会話する人のいない静かな車内にしばらく揺られた。目的地の柳津駅はJR気仙沼線の鉄道とBRTとの接続駅なので、ほとんどが降りるのではと予想したが、なんと降りたのは数人だけ。バスは多くの人を乗せたまま走り去っていった。

気仙沼

気仙沼線	柳津17：27
BRT	大谷海岸18：48

BRT沿線の現状と老舗旅館の心意気

　柳津駅は冷え込んでいた。BRT駅の待合室があるが、自動運転導入に向けた工事で、しばらくは駅前のミヤコーバスのバス停発着になっており、震えながらバス停ポールで待つ。ロータリーで待機していた新車のBRTが、白色LEDの行き先表示を煌々とつけた。

　気仙沼行きに乗るのは鉄道から乗り継ぐ人も含め5人ほど。車内に暖房が入っている。JR気仙沼線のBRTだが、ミヤコーバスが受託運行しており、運転士さんはミヤコーの社員だ。「BRTが揺れます」「BRTが完全に駅に停車してから席をお立ちください」とアナウンスが入った。バスではなくBRT、バス停ではなく駅と呼んでいる。

▲ 武家屋敷も残る「みやぎの明治村」に後ろ髪を引かれつつ登米市民バス津山線に乗る

▼ 柳津から大谷海岸までは気仙沼線BRTを利用する。BRTの運行はミヤコーバスが受託

▲ 「はまなす海洋館」で気仙沼の特産品を味わい、翌朝は朝日を見ながら風呂に浸かる
▼ 浜辺に再建された「はまなす海洋館」。大谷海岸は防潮堤の下に砂浜が残されている

BRTは津波被害を受けた南三陸町の海辺へ進み、大きな新商店街の脇に作られた志津川の駅、高台に移転した南三陸町の役場を擁する役場・病院前の新駅を経由していく。すべての施設が大きく、新しく、明るく作られている。BRTは津波被害を受けなかった鉄道のトンネル部分をそのまま転用した専用道を走った。行き違い設備を増やし、信号を設置しているが、橋とトンネルには鉄道感が残る。やや内陸部にある本吉駅は、鉄道時代の駅舎がそのまま残り、町並みも古く、緑も多かった。町とともに歴史や自然も津波に押し流されてしまったことを感じる。

気仙沼市・大谷海岸駅前にある「はまなす海洋館」に宿泊した。海を望む小ぢんまりしたホテルに見えたが、実は1935（昭和10）年創業、大浴場や結婚式場のある老舗旅館である。大谷海岸も津波で大きな被害を受けたが、震災から1年足らずで同じ場所に再建したというので、その決断の速さと勇気に驚いた。スタッフのホスピタリティが抜群なうえ、気仙沼特産のフカヒレやメカジキ、目の前の海岸で栽培している自家製の野菜を使った創作料理が絶品だ。気仙沼の地酒「蒼天伝 美禄」とともに海の恵みを味わった。翌朝、朝日の昇る美しい海と浜辺の景色を大浴場から眺めた。美しいだけではない海の姿を知っても、海の近くで生きていくという決断は並大抵ではない。

気仙沼市 三陸線	大谷海岸8：52
	河原田9：25
気仙沼市 循環線	海の市前10：20
	気仙沼市役所前10：26

よみがえった海岸と姿を変えた港町

青空と真新しい防潮堤の広がる朝の

大谷海岸駅に４枚折戸のミヤコーバスが到着した。復興支援で都バスから譲渡された車両だそうだ。ずいぶんこの地で活躍してきたようで、車体に年季が入っている。BRTの専用道と並走して、海の見える国道を行く。大谷海岸では防潮堤の向こうに砂浜を残した。地域によっては海が見えないくらい高い壁を建てた海辺もあるなかで、古くからの海水浴場だった大谷海岸では、浜辺への愛着があるのだろう。

　暖かな日が差し込む車内で、首のマフラーを外した。内陸側は古くからの集落である。昨晩のBRTと違い、路線バスは停留所に細かく停まっていく。バスならではのきめ細かさで、利用客が多く、乗り降りが多い。やがて気仙沼の中心部に近づくと、道路標識に交じり「ここから過去の津波浸水区間」の看板が見えた。真新しい道路沿いにロードサイド店が建ち並んでいる。

　終点の河原田で下車。多区間運賃・現金払いなので、都度運賃表を見ながらの支払いだ。バス停に近い「海の市／シャークミュージアム」を訪ねた。加藤編集長は震災前にも訪れたそうだが、津波に耐えた頑丈なこの建物は変わらなくても、周囲の街の姿は一変しているようだ。気仙沼の特産品・フカヒレをもたらすサメの生態を紹介するミュージアムは、半分が港や街の震災復興を記録展示するコーナーになっていた。震災当日、この海の市一帯を襲った津波をとらえた映像を見た。あの日海に呑み込まれたのと同じ場所に自分がいることが非現実のようで、ショッキングだった。それでも、気仙沼市が復興テーマに掲げた「海と生きる」という言葉が印象的に迫ってくる。

　海の市前から市内のタクシー会社が

▼ 大谷海岸から気仙沼市民バスの三陸線に乗車。BRTよりきめ細かくバス停に停まり、気仙沼の漁港に近い河原田で終点となった

運行するマイクロバスの市内循環線に乗って、内湾を見ながら市役所前へ。震災前から港と街が一体だった気仙沼は、安全面を考慮しながら、海の見える街づくりを進めている。気仙沼の人にとって、海と生活は切り離すことのできないものだったのだ。車窓から港の風景が見えるのは、旅人にとっても街の活気や港町の旅情を感じられてありがたい。ただ、これがあたり前のことではないということを実感した。

気仙沼市 大島線	気仙沼市役所前10：32
	竜舞崎入口11：05
気仙沼市 大島線	竜舞崎入口11：43
	鹿折唐桑駅前12：09

復興のシンボルの橋を渡り島の先端へ

　高台にある気仙沼市役所前の商店街には古い街並みが残っていた。加藤さんの「橋を渡ります。絶景だから一番前がいいですよ」の声で、バスの左最前列の席に腰かけた。湾を回る車窓には整地された土地が広がるが、住宅はまばらだ。「住める状態になるまでに時間がかかり、戻ってくる人が減ってしまったんです」と加藤さん。気仙沼市の人口は震災前、約7万5,000人だったが、今年は6万人を割っている。

　巨大なコンクリートの護岸で固められた鹿折川(ししおり)の河口を見て、バスは「大浦防集団地」に上っていく。震災後にできた団地で、真新しい住宅が建ち並ぶ。団地のなかはフリー乗降区間になっていて、家のすぐ近くまでバスで送ってもらうことができるのは便利だろう。気仙沼市のなかでも高台や津波の来なかった場所に新しい生活の拠点を作った人たちが、改めて海のそばに帰ることを選ばないのも納得できる。

　真新しいトンネルを抜け、2019（平

▲ 魚市場の隣の「海の市」では鮮魚や水産加工品を扱う店が営業。2階の「シャークミュージアム」（入館料：大人500円）ではサメの生態と震災被害について紹介している

▼ 海の市前から気仙沼市民バス市内循環線に乗り、気仙沼市役所前で大島線に乗り継ぐ

成31）年完成の気仙沼大島大橋（通称・鶴亀大橋）を渡る。大きなアーチ橋は復興のシンボルのひとつだ。眼下に広がる海と漁場の風景が目に沁みた。橋の完成まで、大島への足としてフェリーの定期航路があったが、橋の完成とともに100年の歴史を閉じた。

　島側の旧フェリー発着所は、土地を嵩上げして「ウェルカムターミナル」となり、旬の海産物・農産物の販売や観光案内を行っていた。バスは大島を縦断して、島の南端をめざす。竜舞崎(たつまいざき)入口のバス停から舗装された道路を約10分、さらにススキの穂の光る林道を10分歩くと、島の先端部にたどり着いた。小さな白い灯台の向こうは切り立った崖で、青い海と青い空を分ける水平線が広がる。感動もそこそこに、帰りのバスに間に合うよう引き返すと、約40分の散策で身体がポカポカだ。バスの暖房に汗を拭き拭き、上着だけでなくセーターまで脱いでしまった。

唐桑

▲ 気仙沼大島大橋を渡り大島へ。バス停から
　往復40分歩いて先端の龍舞崎灯台を訪ねる

▼ 気仙沼市民バスの大島線とミヤコーバス自
　社路線の御崎線を乗り継いで唐桑半島へ

御崎線	鹿折唐桑駅前12：51 巨釜半造入口13：16

地元の喫茶店で休憩し、大自然を満喫

　大島からいったん海沿いの鹿折唐桑に戻り、唐桑半島に向かうバスに乗り換えた。今年入ったクルマで、車内はまだ新車の匂いである。道がくねくねと曲がり、アップダウンが激しくなってきた。巨釜半造(おおがまはんぞう)入口でバスを降りるとき、お財布を開いて支払いにもたついていた私に、運転士さんが「GIGIさんは斜め後ろですよ」と親切に教えてくれた。取材の行程まで把握してくれる運転士さんは珍しい。

▲ 唐桑の人たちの憩いの場になっている喫茶
店「GIGI」のナポリタンを昼食にする

▼ リアス式海岸の男性的な景観美が楽しめる
「巨釜」。シンボル的存在の「折石」は、
1896年の津波で先端部分が折れたという

言われたとおり振り返ると、白い建物の2階に喫茶店「GIGI」が営業していた。店内は80年代を感じさせる古き良き喫茶店で、白髪のマスターと奥さんが迎えてくれた。店の常連らしい親子連れのグループが賑やかに食事中である。種類の豊富なメニューに目移りするが、ここは喫茶店らしいメニューにしようとナポリタンを注文した。喫茶店のナポリタンを、急に食べたくなるときがあるのはなぜだろうか。

期待どおりの味に満足して、マスターに「外壁に"1983"と書いてありましたが、お店を始めた年ですか？」と聞いてみる。そのとおり、1983（昭和58）年創業とのこと。「来年で40周年なんです」と謙虚そうなマスター。その人柄で、地域の人たちの憩いの場になっているのだろう。

「GIGI」から徒歩で、景勝地の「巨釜」をめざす。浜から沖合を見たとき、大きな窯のなかでお湯が煮えたぎっているように見えることからその名がついたという。紅葉が終わりかけた雑木林のなかの道路を10分ほど進み、見えてきた海は、入り組んだ断崖絶壁と岩礁の連なるリアス式海岸の風景だった。さらに遊歩道を5分近く下った先に、高さ16mの大理石の石柱「折石」を見ることができた。自然の力が作り出した不思議な景観だ。息を切らして遊歩道を戻る。振り返り振り返り見る外洋は、今日は穏やかだった。

| 御崎線 | 巨釜半造入口15：06
御崎15：21 |
| 御崎線 | 御崎16：00
魚町一丁目16：45 |

唐桑半島の南端に灯台と神社を訪ねる

終点の御崎へ向かうバスは、平日だ

と日に 8 本運行されている。唐桑半島
には住宅が多く、集落の狭い道を回る
と年配の利用客の乗り降りがあった。
アップダウンの激しい地形なので、小
回りの利くバスは住民の足として便利
なのだろう。15時を回ると、道を歩く
小学生の姿を見かけるようになった。
半島の先にも幼稚園や小学校があり、
子どもの姿があるのは嬉しい。バスは
15分ほど走り、御崎神社の赤い鳥居を
くぐると終点となった。

　ここから唐桑半島の南端である御崎
岬までは「400m」と看板にある。雑
木のなかの砂利道を歩くこと 7 分、白
くすらっとした御崎岬灯台が待ってい
た。この灯台も断崖上に建っている。
いかにも陸前の海らしい地形である。
濃い青の海のうえに、夕日のだいだい
色を含んだグラデーションの空が広が
っていた。

▲ 再び御崎線に乗り、終点から砂利道を歩い
　て、唐桑半島南端の御崎岬に建つ灯台へ
▼ バス停前にある御崎神社。千年以上の歴史
　を持ち、縁結びや大漁祈願にご利益がある

　バスの折返場の目の前にある御崎神
社には千年以上の歴史があり、縁結び
や大漁祈願にご利益があるという。お
参りしておみくじを引いてみた。結果
は中吉。「旅行　よし。日をえらべ」
「事業　努力すれば成功する」の文字
を信じて頑張ってみることにしよう。

　御崎から気仙沼の街まで、先ほど乗
ってきたバスの折り返しに乗車した。
日暮れとともに走るバスに、運転士さ
んの「お待たせしました、どうぞ」の
声が響く。語尾が少し上がる方言の温
もりが優しい。軒下に大根を干す家や
柿を吊るす家に季節を感じながらバス
に揺られていると、いつのまにか車内
の照明が外よりも明るくなっていた。
16時半を過ぎると、あたりはもう真っ
暗だ。夜の内湾に漁船の明かりや街の
明かりが映り、水面に輝いている。気
仙沼の街に戻ってきた。港町の夜だ。

エピローグ

▲ 折り返しのバスで真っ暗になった気仙沼の街に戻り、魚町一丁目のバス停で降りる

▲ フェリー港跡に建てられた「まち・ひと・しごと交流プラザ」から高速バスに乗る

▼ 三陸道経由で仙台駅東口に定時に到着した

高速バス 宮古線	まち・ひと・しごと交流プラザ17：53 仙台駅東口20：06

高速バスで海の見える街から仙台へ

　以前は唐桑半島や大島行きのフェリー発着場「エースポート」だった場所に、「気仙沼まち・ひと・しごと交流プラザ」がある。内湾に面したこの施設は、防潮堤の効果を兼ね備えており、施設の２階部分と同じ高さに道路や街をつくることで、「海の見える街」を維持しながら、津波から街を守る仕組みになっているという。「海の市」で見た「海と生きる」という言葉は、単に以前の生活を取り戻すことではなく、安心して住み続けることができる故郷を守るための決意の言葉なのだ。

　小雨の降りだしたバス乗り場に、仙台行きの高速バスを待つ人が12〜３人集まってきていた。宮古から走ってきた宮城交通のバスに、整理券をとって乗り込む。バスは気仙沼の街の明かりに別れを告げ、2021（令和３）年３月に全線開通した、復興道路と呼ばれる三陸縦貫自動車道を経由して、仙台へ向かっていく。また来ます。気仙沼。

　2019（令和元）年の製造だという新車の高速バスには、各席に充電用のコンセントが備えつけられており、天井には空気清浄機が埋め込まれている。前の席との間には高さを出したアクリル板が設置され、コロナ禍以降の現代に適応した最も新しいバスといえるだろう。バスはワイパーを動かしながら三陸道をひた走り、途中の「道の駅三滝堂」で20分のトイレ休憩をとりながら、定時で仙台駅東口に到着した。

〔2022年11月17〜18日取材〕

BUSJAPAN HANDBOOK SERIES

No	タイトル（その他の収録事業者）	発行年
S93	福島交通	2016年発行
S94	箱根登山バス・東海バス（グループ6社）	2016年発行
S95	広電バス（グループ1社）	2017年発行
S96	関鉄バス（グループ3社）	2017年発行
S97	名鉄バス（グループ2社）	2017年発行
S98	小田急バス・立川バス（グループ2社）	2018年発行
S99	小湊バス・九十九里バス	2018年発行
S100	北海道中央バス（グループ3社）	2018年発行
V101	京阪バス（グループ2社）	2019年発行
V102	京成バス（グループ6社）	2019年発行
V103	新潟交通（グループ2社）	2020年発行
V104	阪急バス（グループ2社）	2020年発行
V105	岩手県交通	2021年発行
V106	西日本JRバス　中国JRバス（グループ2社）	2021年発行
V107	北陸鉄道（グループ5社）	2021年発行
V108	那覇バス　琉球バス交通	2022年発行
V109	東急バス（グループ1社）	2022年発行
V110	神奈川中央交通（グループ3社）	2022年発行
V111	宮城交通（グループ1社）	2023年発行
V112	神姫バス（グループ3社）	次回刊予定

定価1,100円（本体1,000円＋消費税）
送料　180円（1～3冊）　360円（4～6冊）

【ご購読方法】
ご希望の書籍のナンバー・タイトルを明記のうえ、郵便振替で代金および送料を下記口座へお振込みください。折り返し発送させていただきます。
　郵便振替口座番号：00110-6-129280　加入者名：BJエディターズ
※お申し込みの際には、必ず在庫をご確認ください。
※在庫および近刊、取扱書店等の情報は、ホームページでもご覧いただけます。

BJハンドブックシリーズ V111

宮城交通

ISBN978-4-434-31603-6

2023年2月1日発行

編集・発行人　加藤佳一

発行所　BJエディターズ　☎048-977-0577
　〒343-0003　埼玉県越谷市船渡360-4
　URL　http://www.bus-japan.com
発売所　株式会社星雲社　☎03-3868-3275
　　　　（共同出版社・流通責任出版社）
　〒112-0005　東京都文京区水道1-3-30
印刷所　有限会社オール印刷工業

終点の構図

仙台港フェリーターミナル
SENDAIKŌ-FERRY-TERMINAL

　中1のときラジオの魅力にはまり、夕食後から真夜中までラジオにかじりついていた。当時、山田パンダが歌う『落陽』という曲がよく流れてきた。真っ赤な夕陽が水平線に消えるなか苫小牧を発つ仙台行きフェリー。北海道の旅を終え乗り込んだ若者と、女の子のようにテープを拾って見送るフーテンのじいさん。ドラマのような情景を思い描き、若者の旅の仕方にも、じいさんの生き方にも憧れたものである。

　あれから40年以上の歳月が流れ、トラック野郎とバックパッカーの乗りものだった長距離フェリーは、おしゃれな個室や明るくて清潔なバスルームなどを備え、カップルや家族連れが優雅な船旅を楽しめる存在へと変化した。

　現在、苫小牧を19時に出たフェリーは翌朝10時に仙台に着き、12時50分に再び出港して名古屋へ向かっている。これに接続する宮交バス仙台港線は、10時20分に港から仙台駅へと向かい、仙台駅から11時45分に港へ到着する。

　一方、私のラジオ好きは今日まで変わっていない。ただし、年齢とともに早寝早起きになり、今のイチオシは宮城県で育ったサンドウィッチマンが週末の13時から笑いを提供している『ザ・ラジオショー　サタデー』である。

〔2022年11月14日取材〕